佛说弥勒上生下生经

中国佛学经典宝藏

42

业露华 释译

星云大师总监修

人民东方出版传媒

東方出版社

《中国佛学经典宝藏》
大陆简体字版编审委员会

总序

星云

自读首楞严，从此不尝人间糟糠味；

认识华严经，方知已是佛法富贵人。

诚然，佛教三藏十二部经有如暗夜之灯炬、苦海之宝筏，为人生带来光明与幸福，古德这首诗偈可说一语道尽行者阅藏慕道、顶戴感恩的心情！可惜佛教经典因为卷帙浩瀚、古文艰涩，常使忙碌的现代人有义理远隔、望而生畏之憾，因此多少年来，我一直想编纂一套白话佛典，以使法雨均沾，普利十方。

一九九一年，这个心愿总算有了眉目。是年，佛光山在中国大陆广州市召开“白话佛经编纂会议”，将该套丛书定名为《中国佛教经典宝藏》①。后来几经集思广

① 编者注：《中国佛教经典宝藏》丛书，大陆出版时改为《中国佛学经典宝藏》丛书。

益，大家决定其所呈现的风格应该具备下列四项要点：

一、启发思想：全套《中国佛教经典宝藏》共计百余册，依大乘、小乘、禅、净、密等性质编号排序，所选经典均具三点特色：

1. 历史意义的深远性
2. 中国文化的影响性
3. 人间佛教的理念性

二、通顺易懂：每册书均设有原典、注释、译文等单元，其中文句铺排力求流畅通顺，遣词用字力求深入浅出，期使读者能一目了然，契入妙谛。

三、文简意赅：以专章解析每部经的全貌，并且搜罗重要的章句，介绍该经的精神所在，俾使读者对每部经义都能透彻了解，并且免于以偏概全之谬误。

四、雅俗共赏：《中国佛教经典宝藏》虽是白话佛典，但亦兼具通俗文艺与学术价值，以达到雅俗共赏、三根普被的效果，所以每册书均以题解、源流、解说等章节，阐述经文的时代背景、影响价值及在佛教历史和思想演变上的地位角色。

兹值佛光山开山三十周年，诸方贤圣齐来庆祝，历经五载、集二百余人心血结晶的百余册《中国佛教经典宝藏》也于此时隆重推出，可谓意义非凡，论其成就，则有四点可与大家共同分享：

一、佛教史上的开创之举：民国以来的白话佛经翻译虽然很多，但都是法师或居士个人的开示讲稿或零星的研究心得，由于缺乏整体性的计划，读者也不易窥探佛法之堂奥。有鉴于此，《中国佛教经典宝藏》丛书突破窠臼，将古来经律论中之重要著作，做有系统的整理，为佛典翻译史写下新页！

二、杰出学者的集体创作：《中国佛教经典宝藏》丛书结合中国大陆北京、南京各地名校的百位教授、学者通力撰稿，其中博士学位者占百分之八十，其他均拥有硕士学位，在当今出版界各种读物中难得一见。

三、两岸佛学的交流互动：《中国佛教经典宝藏》撰述大部分由大陆饱学能文之教授负责，并搜录台湾教界大德和居士们的论著，借此衔接两岸佛学，使有互动的因缘。编审部分则由台湾和大陆学有专精之学者从事，不仅对中国大陆研究佛学风气具有带动启发之作用，对于台海两岸佛学交流更是帮助良多。

四、白话佛典的精华集萃：《中国佛教经典宝藏》将佛典里具有思想性、启发性、教育性、人间性的章节做重点式的集萃整理，有别于坊间一般“照本翻译”的白话佛典，使读者能充分享受“深入经藏，智慧如海”的法喜。

今《中国佛教经典宝藏》付梓在即，吾欣然为之作序，并借此感谢慈惠、依空等人百忙之中，指导编修；吉广舆等人奔走两岸，穿针引线；以及王志远、赖永海等大陆教授的辛勤撰述；刘国香、陈慧剑等台湾学者的周详审核；满济、永应等“宝藏小组”人员的汇编印行。他们的同心协力，使得这项伟大的事业得以不负众望，功竟圆成！

《中国佛教经典宝藏》虽说是大家精心擘划、全力以赴的巨作，但经义深邈，实难尽备；法海浩瀚，亦恐有遗珠之憾；加以时代之动乱，文化之激荡，学者教授于契合佛心，或有差距之处。凡此失漏必然甚多，星云谨以愚诚，祈求诸方大德不吝指正，是所至祷。

一九九六年五月十六日于佛光山

原版序

敲门处处有人应

慈惠

《中国佛教经典宝藏》是佛光山继《佛光大藏经》之后，推展人间佛教的百册丛书，以将传统《大藏经》精华化、白话化、现代化为宗旨，力求佛经宝藏再现今世，以通俗亲切的面貌，温渥现代人的心灵。

佛光山开山三十年以来，家师星云上人致力推展人间佛教，不遗余力，各种文化、教育事业蓬勃创办，全世界弘法度化之道场应机兴建，蔚为中国现代佛教之新气象。这一套白话精华大藏经，亦是大师弘教传法的深心悲愿之一。从开始构想、擘划到广州会议落实，无不出自大师高瞻远瞩之眼光，从逐年组稿到编辑出版，幸赖大师无限关注支持，乃有这一套现代白话之大藏经问世。

这是一套多层次、多角度、全方位反映传统佛教文化的丛书，取其精华，舍其艰涩，希望既能将《大藏经》

深睿的奥义妙法再现今世，也能为现代人提供学佛求法的方便舟筏。我们祈望《中国佛教经典宝藏》具有四种功用：

一、是传统佛典的精华书

中国佛教典籍汗牛充栋，一套《大藏经》就有九千余卷，穷年皓首都研读不完，无从赈济现代人的枯槁心灵。《宝藏》希望是一滴浓缩的法水，既不失《大藏经》的法味，又能有稍浸即润的方便，所以选择了取精用弘的摘引方式，以舍弃庞杂的枝节。由于执笔学者各有不同的取舍角度，其间难免有所缺失，谨请十方仁者鉴谅。

二、是深入浅出的工具书

现代人离古愈远，愈缺乏解读古籍的能力，往往视《大藏经》为艰涩难懂之天书，明知其中有汪洋浩瀚之生命智慧，亦只能望洋兴叹，欲渡无舟。《宝藏》希望是一艘现代化的舟筏，以通俗浅显的白话文字，提供读者遨游佛法义海的工具。应邀执笔的学者虽然多具佛学素养，但大陆对白话写作之领会角度不同，表达方式与台湾有相当差距，造成编写过程中对深厚佛学素养与流畅白话语言不易兼顾的困扰，两全为难。

三、是学佛入门的指引书

佛教经典有八万四千法门，门门可以深入，门门是无限宽广的证悟途径，可惜缺乏大众化的入门导览，不易寻觅捷径。《宝藏》希望是一支指引方向的路标，协助十方大众深入经藏，从先贤的智慧中汲取养分，成就无上的人生福泽。

四、是解深入密的参考书

佛陀遗教不仅是亚洲人民的精神归依，也是世界众生的心灵宝藏。可惜经文古奥，缺乏现代化传播，一旦庞大经藏沦为学术研究之训诂工具，佛教如何能扎根于民间？如何普济僧俗两众？我们希望《宝藏》是百粒芥子，稍稍显现一些须弥山的法相，使读者由浅入深，略窥三昧法要。各书对经藏之解读诠释角度或有不足，我们开拓白话经藏的心意却是虔诚的，若能引领读者进一步深研三藏教理，则是我们的衷心微愿。

大陆版序一

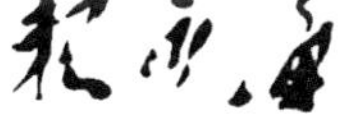

《中国佛教经典宝藏》是一套对主要佛教经典进行精选、注译、经义阐释、源流梳理、学术价值分析，并把它们翻译成现代白话文的大型佛学丛书，成书于二十世纪九十年代，由台湾佛光文化事业有限公司出版，星云大师担任总监修，由大陆的杜继文、方立天以及台湾的星云大师、圣严法师等两岸百余位知名学者、法师共同编撰完成。十几年来，这套丛书在两岸的学术界和佛教界产生了巨大的影响，对研究、弘扬作为中国传统文化重要组成部分的佛教文化，推动两岸的文化学术交流发挥了十分重要的作用。

《中国佛学经典宝藏》则是《中国佛教经典宝藏》的简体字修订版。之所以要出版这套丛书，主要基于以下的考虑：

首先，佛教有三藏十二部经、八万四千法门，典籍浩瀚，博大精深，即便是专业研究者，穷其一生之精力，恐也难阅尽所有经典，因此之故，有“精选”之举。

其次，佛教源于印度，汉传佛教的经论多译自梵语；加之，代有译人，版本众多，或随音，或意译，同一经文，往往表述各异。究竟哪一种版本更契合读者根机？哪一个注疏对读者理解经论大意更有助益？编撰者除了标明所依据版本外，对各部经论之版本和注疏源流也进行了系统的梳理。

再次，佛典名相繁复，义理艰深，即便识得其文其字，文字背后的义理，诚非一望便知。为此，注译者特地对诸多冷僻文字和艰涩名相，进行了力所能及的注解和阐析，并把所选经文全部翻译成现代汉语。希望这些注译，能成为修习者得月之手指、渡河之舟楫。

最后，研习经论，旨在借教悟宗、识义得意。为了将其思想义理和现当代价值揭示出来，编撰者对各部经论的篇章品目、思想脉络、义理蕴涵、学术价值等所做的发掘和剖析，真可谓殚精竭虑、苦心孤诣！当然，佛理幽深，欲入其堂奥、得其真义，诚非易事！我们不敢奢求对于各部经论的解读都能鞭辟入里，字字珠玑，但希望能对读者的理解经义有所启迪！

习近平主席最近指出：“佛教产生于古代印度，但传入中国后，经过长期演化，佛教同中国儒家文化和道家文化融合发展，最终形成了具有中国特色的佛教文化，给中国人的宗教信仰、哲学观念、文学艺术、礼仪习俗等留下了深刻影响。”如何去研究、传承和弘扬优秀佛教文化，是摆在我们面前的一个重要课题，人民东方出版传媒有限公司拟对繁体字版的《中国佛教经典宝藏》进行修订，并出版简体字版的《中国佛学经典宝藏》，随喜赞叹，寥寄数语，以叙因缘，是为序。

二〇一六年春于南京大学

大陆版序二

依空

身材高大、肤色白皙、擅长军事的亚利安人，在公元前四千五百多年从中亚攻入西北印度，把当地土著征服之后，为了彻底统治这里的人民，建立了牢不可破的种姓制度，创造了无数的神祇，主要有创造神梵天、破坏神湿婆、保护神毗婆奴。人们的祸福由梵天决定，为了取悦梵天大神，需要透过婆罗门来沟通，因为他们是从梵天的口舌之中生出，懂得梵天的语言——繁复深奥的梵文，婆罗门阶级是宗教祭祀师，负责教育，更掌控了神与人之间往来的话语权。四种姓中最重要的是刹帝利，举凡国家的政治、经济、军事、文化等等都由他们实际操作，属贵族阶级，由梵天的胸部生出。吠舍则是士农工商的平民百姓，由梵天的膝盖以上生出。首陀罗则是被踩在梵天脚下的土著。前三者可以轮回，纵然几世轮转都无法脱离原来种姓，称为再生族；首陀罗则连轮回的因缘都没有，为不生族，生生世世为首陀罗，子孙也倒霉跟着宿命，无法改变身份。相对于此，贱民比首陀罗更为卑微、低贱，连四种姓都无法跻身其中，只能从事挑粪、焚化尸体等最卑贱、龌龊的工作。

出身于高贵种姓释迦族的悉达多太子，为了打破种姓制度的桎梏，舍弃既有的优越族姓，主张一切众生皆平等，成正等觉，创立了佛教僧团。为了贯彻佛教的平等思想，佛陀不仅先度首陀罗身份的优婆离出家，后度释迦族的七王子，先入山门为师兄，树立僧团伦理制度。佛陀更严禁弟子们用贵族的语言——梵文宣讲佛法，而以人民容易理解的地方口语来演说法义，这就是巴利文经典的滥觞。佛陀认为真理不应该是属于少数贵族、知识分子的专利或装饰，而应该更贴近普罗大众，属于平民百姓共有共知。原来佛陀早就在推动佛法的普遍化、大众化、白话化的伟大工作。

佛教从西汉哀帝末年传入中国，历经东汉、魏晋南北朝、隋唐的漫长艰巨的译经过程，加上历代各宗派祖师的著作，积累了庞博浩瀚的汉传佛教典籍。这些经论义理深奥隐晦，加以书写的语言文字为千年以前的古汉文，增加现代人阅读的困难，只能望着汗牛充栋的三藏十二部扼腕慨叹，裹足不前。

如何让大众轻松深入佛法大海，直探佛陀本怀？佛光山开山宗长星云大师乃发起编纂《中国佛教经典宝藏》。一九九一年，先在大陆广州召开“白话佛经编纂会议”，订定一百本的经论种类、编写体例、字数等事项，礼聘中国社科院的王志远教授、南京大学的赖永海教授分别为中国大陆北方与南方的总联络人，邀请大陆各大学的佛教学者撰文，后来增加台湾部分的三十二本，是为一百三十二册的《中国佛教经典宝藏精选白话版》，于一九九七年，作为佛光山开山三十周年的献礼，隆重出版。

六七年间我个人参与最初的筹划，多次奔波往来于大陆与台湾，小心谨慎带回作者原稿，印刷出版、营销推广。看到它成为佛教徒家中的传家宝藏，有心了解佛学的莘莘学子的入门指南书，为星云大师监修此部宝藏的愿心深感赞叹，既上契佛陀“佛法不舍一众”的慈悲本怀，更下启人间佛教“普世益人”的平等精神。尤其可喜者，欣闻现大陆出版方东方出版社潘少平总裁、彭明哲副总编亲自担纲筹划，组织资深编辑精校精勘；更有旅美企业家鲁彼德先生事业有成之际，秉“十方来，十方去，共成十方事”之襟怀，促成简体字版《中国佛学经典宝藏》的刊行。今付梓在即，是为序，以表随喜祝贺之忱！

二〇一六年元月

目　录

题解

名称

弥勒菩萨在我国，可以说是家喻户晓、妇孺皆知的一位大菩萨。他和观世音、文殊、普贤、地藏菩萨等一样，在我国广大民众中有很深的影响。特别是五代、宋以来，由于民间传说，以及许多艺术家的辛勤创作，那位布袋和尚（名契此，相传是弥勒菩萨的化身）乐哈哈的形象，以其特有的造型，深深地赢得了人们的喜爱，在民间流传极其广泛。

本书所收的两部佛经，就是向你介绍有关弥勒菩萨，即一位未来佛的故事。

弥勒，梵文音译为“弥帝隶”，或作“梅怛丽”等，它的本意是“慈”，即仁慈的意思；这是他的姓。据说他过去数世以来，一直修习慈心观，经常诵持《慈三昧经》，乃至于世世不起杀想，并坚持不吃肉食，因而得以“慈”氏为姓。由此可知，修习慈心观是弥勒思想的一大特色。他的名字叫做阿逸多（一作阿夷多），意为无能胜。据佛经记载，大约在公元前六世纪左右，即差不多与释迦牟尼佛同一时代，诞生于南印度波罗奈国劫波利村的一个叫做波婆利的大婆罗门家。他后来出家，追随释迦牟尼佛学习佛法，在大乘佛教经典中，他是一位重要人物，常与文殊、普贤、观音、大势至等菩萨出现在佛陀说法的盛会中。后来，他受释迦牟尼佛的预记，先于释迦牟尼佛而入灭，上生到欲界六天之一的兜率陀天上，在兜率陀天内院为那儿的诸天演说佛法。直到释迦牟尼佛入灭后五十六亿七千万年，才再次降生到我们这个世界，在华林园龙华树下得道成佛，并三会演说佛法，普度众生。

因此，有关弥勒菩萨的故事，就应当由“上生”和“下生”这两个部分组成。本书所介绍的两部佛经，就分别讲述了弥勒菩萨上生兜率陀天和下生人间，成佛说法，普度众生的故事。

《佛说观弥勒菩萨上生兜率陀天经》主要是讲弥勒菩萨“上生”的故事。经中，佛陀告诉他的弟子优波离尊者以及其他与会大众，十二年以后，弥勒菩萨将在他的出生地，即波罗奈国的劫波利村，进入灭度，然后即上生兜率陀天，在兜率天宫的内院，为那儿的诸天众生演说佛法。所谓兜率陀天，即六欲天之一，它在夜摩天之上，乐变化天之下。佛经中说，有情众生居住的地方，从总体上说，可以分为三大部分，这三大部分就是经中常提到的欲界、色界和无色界，统称为“三界”。所谓“三界唯心”“三界有如火宅”等说，就是指的这三界。如果进一步区分，三界之中又可分成许多不同的层次。例如，在欲界中，就可分为地狱、畜生、饿鬼、人以及六欲天等。所谓六欲天就是指欲界的六重天。在佛教中，“天”一词是从梵文“提婆”转译而来，这是众生转生的“五趣”或“六道”之一，是有情众生因修行一定的善果而获得的一种比较殊胜的果报。“天”有时又可指获得这种果报的众生所居住的地方，也就是通常所说的“天界”。生活在天界的诸天，可以尽情地享受一切富贵和欢乐，但一旦享尽幸福，也就是说，一旦福报已尽，便将重新转生，再入轮回，再次接受因果报应规律的支配。所以，在佛教中，“天”只是还未脱离轮回的一种比较好的果报而已；“天”的地位，远远不像中国传统文化中“天”所占的地位那样重要，那样至高无上。

“六欲天”，就是指欲界的六重天，此六重天是：一、四天王天，也就是平时我们在寺院的天王殿中所见的四位天王（俗称“四大金刚”）所居的地方。这四位天王各自带领他们的部属，守护着世界的一方，并担当着护持佛法的重任。二、忉利天，据说在须弥山之顶，由忉利天主统领着这儿的诸天。三、夜摩天。四、兜率陀天。五、乐变化天。六、他化自在天。其中兜率陀天就是弥勒菩萨上生说法之处。“兜率陀”有时又作“兜率”，这是梵文音译，它的意思是“妙足”，或“妙喜”，因而兜率天有时又称“妙足天”或“妙喜天”。据说生活在这儿的众生，彻体光明，照耀世界，这儿的一昼夜相当于人间的四百年。兜率陀天又分为内院和外院，弥勒菩萨上生后，即在兜率陀天的内院中为这儿的诸天演说佛法。

在《佛说观弥勒菩萨上生兜率陀天经》中，释迦牟尼佛向优波离尊者以及其他与会大众，详细地描绘了兜率陀天的美妙情景：兜率陀天宫中有用各种宝珠砌成的八色琉璃渠，渠中流淌着清凉、洁净的八味功德水，水中生长着诸宝莲花，花上有许多容貌端丽、身材美妙、手持各种宝器、肩上背着乐器的天女，她们齐声赞叹佛法，有如优美动听的旋律。天宫中供弥勒菩萨说法就座的宝座，是用无数黄金和珍宝装饰起来的，宝座的四角有百宝所成的宝莲花，所有这些宝物都闪闪发出神奇的光芒。在这耀眼的光芒之中，不断化现出种种百宝合成的花朵，装饰着高高悬挂在宝座之上的宝帐中。十方世界的诸梵天王，各各手持梵天妙宝，来到弥勒菩萨座前，将此妙宝作为宝铃，挂在宝帐上……

经中还说，当弥勒菩萨上生之际，忽然化生于兜率陀天七宝台内摩尼殿中的师子座上，结跏趺坐于莲花台中。他的身体如同阎浮檀金那样发出金色的光泽，身上具足三十二相、八十种好，头戴用各种宝珠镶成的天冠，昼夜六时不停地为诸天演说佛法。诸天子在弥勒菩萨的教化下，精勤修行，迅速地取得了很大的成果。

经中还说，佛陀告诉优波离尊者，如果有谁能精勤不懈地修行，不放逸自己的身心，努力修持各种功德，心中忆念弥勒菩萨的形象，口中诵念弥勒菩萨名号，那么此人将来必定能往生到弥勒菩萨的兜率净土，并且将来当弥勒菩萨再次下生时，能随弥勒菩萨一起降生，在龙华树下躬逢盛会，听闻佛法等。

《佛说观弥勒菩萨下生经》则具体描述了在未来世，即当释迦牟尼佛灭后五十六亿七千万年时，弥勒菩萨将从兜率陀天下生，再次降生于我们这个世界，然后成道、说法、广度世人的故事。

经中，佛陀告诉他的近侍弟子阿难尊者以及与会的人天诸众说：将来，过了五十六亿万年以后，弥勒菩萨将再次降生于人间。那时，在一个叫做“鸡头城”的地方，将有一位叫做儴佉的转轮圣王出现于世，这位转轮王宫中有一个叫修梵摩（善净）的大臣，他的妻子叫做梵摩越（一作梵摩跋提，意为净妙），他们就是未来弥勒菩萨托生的父母。弥勒入胎、出胎、出家、修行的故事，与释迦牟尼佛的经过一样。最后，他在华林园龙华树下得道成佛，证得无上正觉，并且三会说法。第一会度九十六亿众生，第二会度九十四亿众生，第三会度九十二亿众生。

在《下生经》中，佛陀对弟子们详细地叙述了将来弥勒菩萨降诞时，世界繁荣富饶的景象：

当弥勒菩萨将要降生之时，我们这个阎浮提世界，山川陡谷自然消失，大地平整光滑，洁净而又明亮，好像一面琉璃镜子。到处生长着鲜花美果，遍地花草散发着沁人心脾的芳香。气候舒适宜人，四季温暖和顺。村庄聚落，依次相连。

那时，国土安稳，没有偷盗窃贼之类，也没有刀兵水火之患，更无饥馑毒害之难。人民安居乐业，丰衣足食，吃的是地里自然生长的香糯粳米，穿的是树上自然生长的柔软滑爽的衣服。人心常怀仁慈谦恭，相敬相亲，没有任何贪欲和愚昧。由于弥勒菩萨将要下生，转轮圣王出现于世，于是世间涌现四大珍藏，地上到处撒满了珍珠玛瑙等各种珠宝，可是人们将这些东西看作瓦石一般，并不以此为贵。那时的人民寿命很长，可以活到八万岁，而且一生中都没有疾病缠身。

当弥勒菩萨在龙华树下修行成道以后，诸天及众生都欢呼雀跃，相继来到弥勒佛处，接受佛的教化，修行获得正果。

释迦牟尼佛告诉阿难及诸弟子们，那时有幸参加弥勒佛说法盛会的众生，都是今世释迦牟尼佛的弟子，由于见佛闻法，精勤修习，所以在将来能有此机缘。佛陀对弟子们说，你们如果希望能够在将来见到弥勒佛，并听到弥勒佛说法，那么你们应当勤于修习，不产生懈怠之念，经常供养诸佛菩萨等。如此而行，将来必定能够往生于弥勒佛处。

《弥勒上生经》和《弥勒下生经》这两部经典就是这样完整地向我们介绍了关于弥勒菩萨上生兜率陀天，在兜率天宫内院说法，以及将来下生成佛，说法度生的故事。并且还介绍了如想往生弥勒佛处，应该如何修行的方法。

译者介绍

《佛说观弥勒菩萨上生兜率陀天经》的译者是我国南北朝时代，南朝刘宋的沮渠京声。《佛说观弥勒菩萨下生经》的译者，则是我国西晋时著名的佛经翻译家竺法护。为了对这两位翻译家有进一步的了解，我们有必要对两晋南北朝的社会历史和佛教的发展状况做一个简单的回顾。

两晋南北朝时代，即公元三到五世纪左右，是我国历史上一个重要的发展时期。自汉末以来，中原大地长期陷于战乱和动荡之中。军阀混战，流民暴动，再加上天灾人祸，使百姓生活不得安宁。公元二八〇年，原曹魏国的贵族司马氏家族建立了西晋王朝，逐步统一了全国，结束了汉末以来经历了将近一个世纪的分裂和动乱，使国家得到了短暂的统一。但西晋是个短命的政权，它维持了只有五十年左右的时间（公元二六五——三一五年），即因统治集团的内乱，北方少数民族的进攻及流民的暴动而遭到灭顶之灾。接着，北方中原地区进入了所谓“五胡十六国”的长期动乱之中。江南地区则由原西晋皇室的后裔与部分南迁的士族，建立了偏安一隅的东晋小朝廷。公元四世纪末、五世纪初，崛起于漠北的拓跋鲜卑部落渐渐强大起来，先后消灭了割据一方的各个小国，统一了北方中国。南方则自东晋以后，先后经历了宋、齐、梁、陈各个朝代。自公元五世纪初北魏统一北方到六世纪末隋朝重新统一中国，其间将近二百年，就是中国历史上所说的“南北朝时期”。

南北朝时期，虽然南北对峙，分别建立了政权，但是社会却长期保持了相对的稳定。自汉末以来不断发生

《中国佛学经典宝藏》目录

编号	书名
1	中阿含经
2	长阿含经
3	增一阿含经
4	杂阿含经
5	金刚经
6	般若心经
7	大智度论
8	大乘玄论
9	十二门论
10	中论
11	百论
12	肇论
13	辩中边论
14	空的哲理
15	金刚经讲话
16	人天眼目
17	大慧普觉禅师语录
18	六祖坛经
19	天童正觉禅师语录
20	正法眼藏
21	永嘉证道歌·信心铭
22	祖堂集
23	神会语录
24	指月录
25	从容录
26	禅宗无门关
27	景德传灯录
28	碧岩录
29	缁门警训
30	禅林宝训
31	禅林象器笺
32	禅门师资承袭图
33	禅源诸诠集都序
34	临济录
35	来果禅师语录
36	中国佛学特质在禅
37	星云禅话
38	禅话与净话
39	释禅波罗蜜次第法门
40	般舟三昧经
41	净土三经
42	佛说弥勒上生下生经
43	安乐集
44	万善同归集

编号	书名
45	维摩诘经
46	药师经
47	佛堂讲话
48	信愿念佛
49	精进佛七开示录
50	往生有分
51	法华经
52	金光明经
53	天台四教仪
54	金刚錍
55	教观纲宗
56	摩诃止观
57	法华思想
58	华严经
59	圆觉经
60	华严五教章
61	华严金师子章
62	华严原人论
63	华严学
64	华严经讲话
65	解深密经
66	楞伽经
67	胜鬘经
68	十地经论
69	大乘起信论
70	成唯识论
71	唯识四论
72	佛性论
73	瑜伽师地论
74	摄大乘论
75	唯识史观及其哲学
76	唯识三颂讲记
77	大日经
78	楞严经
79	金刚顶经
80	大佛顶首楞严经
81	成实论
82	俱舍要义
83	佛说梵网经
84	四分律
85	戒律学纲要
86	优婆塞戒经
87	六度集经
88	百喻经

编号	书名
89	法句经
90	本生经的起源及其开展
91	人间巧喻
92	大乘本生心地观经
93	南海寄归内法传
94	入唐求法巡礼记
95	大唐西域记
96	比丘尼传
97	弘明集
98	出三藏记集
99	牟子理惑论
100	佛国记
101	宋高僧传
102	唐高僧传
103	梁高僧传
104	异部宗轮论
105	广弘明集
106	辅教编
107	释迦牟尼佛传
108	中国佛教名山胜地寺志
109	敕修百丈清规
110	洛阳伽蓝记
111	佛教新出碑志集萃
112	佛教文学对中国小说的影响
113	佛遗教三经
114	大般涅槃经
115	地藏本愿经外二部
116	安般守意经
117	那先比丘经
118	大毗婆沙论
119	大乘大义章
120	因明入正理论
121	宗镜录
122	法苑珠林
123	经律异相
124	解脱道论
125	杂阿毗昙心论
126	弘一大师文集选要
127	《沧海文集》选集
128	《劝发菩提心文》讲话
129	佛经概说
130	佛教的女性观
131	涅槃思想研究
132	佛学与科学论文集

的战乱和动荡已经基本结束，民众得到了休养生息的机会，社会生产力也有了一定的发展。由于中原地区民众的南迁，江南地区得到大规模的开发，长江中下游地区的经济很快地发展起来，使得整个社会经济力量有了极大的提高。同时，各民族互相交流和融合，也大大地促进了社会经济和文化的发展。

如果说，汉代是中国佛教的初传时期的话，那么，两晋南北朝则是中国佛教大传播大发展的时期。在这一历史阶段，佛教迅速广泛地向社会各阶层流传，佛经的翻译，无论是在数量上还是质量上，都比以前有了明显的提高。参与译经的人数以及译场的组织随着时间的演进而急剧增加。所译经典涉及佛教的各个思想流派，印度佛教的大小乘各派教义在中国都有传承和研究，佛教的义理得到详尽的阐发，并且出现了一大批专门研究佛学的思想家和佛经翻译家。竺法护和沮渠京声只是其中的两位。

为了方便起见，这儿，我们只是按照历史的顺序，对这两位翻译家做些简单的介绍。

竺法护，梵名昙摩罗刹（或作昙摩罗察），祖籍是月氏（“氏”一作“支”）人。但自他祖上好几代，就一直居住在我国的敦煌。由于是月氏（支）人，所以按照当时的惯例，他们就以“支”为姓。后来，竺法护跟随其师竺高座出家，才随师改姓为“竺”。据《高僧传》《出三藏记集》等资料记，竺法护八岁出家，他自幼便聪明好学，博学强记，曾经广泛涉猎六经及百家之言。后来，因有感于当时一些佛教徒只重视对寺院图像的崇拜，却忽略了佛教经典的传译和研究，深为感慨，决心在这一方面有所作为。后来，他曾跟随其师竺高座游历西域各国，并且遍学西域三十六国语言文字。西域地处中西交通要道，为佛教东渐之重要枢纽，初期来华传译佛教经典的僧人，大多是经过西域来的，有些本身就是西域的僧人。佛教经典，特别是大乘佛教经典，有很多就是形成于这一地区。因此，竺法护在西域各地大量搜集各种佛教经典的原本，回来后便专门致力于佛教经典的翻译工作。

竺法护回到内地后，一直往来于敦煌、长安和洛阳之间，先后在各地翻译佛经。竺法护译经数量很多，据《出三藏记集》著录有一百五十四部三百零九卷。至唐代智升作《开元释教录》，经考订为一百七十五部三百五十四卷，其中九十一部尚存。竺法护所译佛经，主要是大乘佛教经典，其中包括“般若”类的《光赞般若经》，“华严”类的《渐备一切智德经》，“宝积”类的《密迹金刚力士经》，“法华”类的《正法华经》，“涅槃”类的《方等泥洹经》等。竺法护翻译的佛经，语言质朴，周密详备，在当时有很大的影响。许多经典后来虽有重译，但由于他所译的本子比较古朴，因此一直受到人们的重视。例如他翻译的《法华经》，虽然没有后来鸠摩罗什所译的《妙法莲华经》通行，但因他的译本是现存三部《法华经》中最早的本子，而且内容也较丰富，因此同样受到人们的重视。同样，他译的《弥勒下生经》后来也有多次重译，但他的译本是诸《下生经》中最早的一个本子，并被后人列为“弥勒三部经”之一而受到重视。从竺法护翻译的经典内容来看，早期大乘佛教各部类重要经典，基本上都包括在内。因此，他的翻译工作为大乘佛教各种流派在中国的传播和发展开辟了道路。后来东晋的名僧道安法师在评论竺法护的翻译成就时说，大乘佛教的方等经、般若经，以及各种三昧禅定的经典，多是由竺法护开始译出，这真是众生之幸（见安公所作《渐备经·叙》）。梁代的僧祐也称赞说，大乘佛教的经典和教法之所以能在中国得到广泛流传，主要是由于竺法护的功绩啊！东晋时孙绰所作的《道贤论》中，赞扬竺法护是“德居物宗”，并把他比作“竹林七贤”中的山涛（山巨源）。

竺法护所译经典中，对后世影响较大的有《光赞般若经》《正法华经》《渐备一切智德经》和《弥勒下生经》。

《光赞般若经》十卷，译于晋太康七年（公元二八六年）。原本由于阗沙门带来，此经与《放光般若经》是同本异译。东晋道安曾将这两部经典仔细对比研究，认为可以“互相补益”，此经的流传，在一定程度上促进了当时般若学的发展。

《正法华经》十卷，也是太康七年译于长安，这是早期大乘佛教的重要经典之一，经中佛陀以“善权方便”，设种种教化普度众生，并提出人人可以成佛之说。因此此经一出，即受到极大的欢迎，特别是其中《观世音菩萨普门品》中出现的那位大慈大悲、救苦救难的观世音菩萨，更是在民间有着深远的影响。

《渐备一切智德经》是《华严经·十地品》的异译本，译于晋元康七年（公元二九七年）。此经主要讲大乘菩萨修行的十个阶地，对南北朝时的“地论学派”形成和发展有很大作用。

《弥勒下生经》一卷，据《开元释教录》记，此经译于晋太安二年（公元三〇三年），与十六国时鸠摩罗什所译的《弥勒下生经》乃是同本异译。关于此经的译本及流传情况，我们在后面还要详细介绍。此经所弘扬的关于弥勒下生成佛说法以及关于弥勒净土的思想，在汉时社会上非常流行。例如，东晋时著名的道安法师，就是弥勒净土的信奉者。

《观弥勒上生兜率陀天经》的译者是南北朝时的沮渠京声。他本是十六国时北凉王沮渠蒙逊的从弟，世称“安阳侯”。据《出三藏记集》《高僧传》等资料记载，其祖先乃天水（今甘肃天水）临成县胡人，曾在匈奴任左沮渠之职，因以官名为姓氏。

甘肃河西一带，包括敦煌、武威、酒泉、张掖诸郡，古代称为凉州。凉州自古以来即为中西交通要道，是佛教传入中国的必经之地。从印度、西域来华传法译经的僧人，以及中国历史上西行求法者，川流不息地经过这一地区，因此这儿很早就受到佛教的影响。西晋末年，中原丧乱，凉州刺史张轨仍奉晋室正朔，关中人士纷纷来到这儿逃避战乱。这一带成为当时比较安定的地区，佛教也有很大的发展。据《魏书·释老志》等说，凉州自张轨以后，世代信奉佛教，又因敦煌地接西域，所以“道俗交得旧式，村坞相属，多有塔寺”。公元三八六年，吕光在此自立为“凉州王”，西域名僧鸠摩罗什曾在此居住了十多年，其后不久，原本匈奴部落的沮渠蒙逊先后占领了张掖、姑臧等地，基本上统一了凉州，建立了北凉国。北凉王沮渠蒙逊信奉佛法，他在境内大力提倡佛教，因此，这儿的佛经翻译事业发展得很快。据《开元释教录》记，北凉译经有八十二部三百一十一卷。如果考虑到北凉自沮渠蒙逊统一，到公元四三九年被北魏灭亡为止，前后只有不到四十年时间，在佛经翻译方面就有如此成就，也可见当时凉州译事之发达。

沮渠京声既为北凉王的从弟，且从小就受到这种客观环境的影响和熏染，因此，他对佛教有着相当的造诣。据文献记载，他自幼即受五戒，而且经常以讽诵佛典为务。他天资聪明，涉猎群书，并能言善谈。据说他曾经涉过流沙，来到当时西域佛教的重镇于阗国，在衢摩帝大寺遇到佛陀斯那（佛大先），从佛陀斯那受《禅要秘密治病经》，又在高昌郡得《观弥勒菩萨上生兜率陀天经》和《观世音观经》等。刘宋元嘉十六年（公元四三九年），北凉亡于北魏，沮渠京声南奔到刘宋，自此晦志卑身，常游止于寺庙塔院之间，以居士自称。丹阳尹孟顗见而善之，雅相崇爱，厚相优赡。沮渠京声于刘宋孝武帝孝建二年（公元四五五年）在扬都竹园寺和钟山定林上寺译出《弥勒上生经》(一说此经是在高昌译出后带回)、《治禅病秘要经》等。沮渠京声一生无妻儿，又无欲于荣利，常以僧徒为法侣，并以宣通经典为务，因此京邑僧侣都对他敬而嘉许。宋大明（公元四五七——四六四年）末，因疾而终。沮渠京声所译佛典，《出三藏记集》中列四部五卷，《历代三宝记》记有三十六部三十八卷，《开元释教录》则记为二十八部二十八卷。其中重要的，除《弥勒上生经》外，还有《治禅病秘要经》《八关斋经》《优婆塞五戒经》等。

有关弥勒菩萨的经典

弥勒菩萨是佛教中的大菩萨，而且又是受到释迦佛的授记，将来要继承释迦佛而降生成佛，普度众生的未来佛。因此，在很多佛教经典中都有关于这位菩萨事迹的记载。例如，《大宝积经》第四十一会，是“弥勒菩萨问八法会”，第四十二会是“弥勒菩萨所问会”，等等。此外，如《法华经》《华严经》《菩萨处胎经》《贤愚经》《一切智光明仙人慈心因缘不食肉经》等经中，都讲到弥勒菩萨的事情。当然，比较系统完整地讲述弥勒菩萨因缘的经典，还是《上生经》和《下生经》。

根据唐代僧人智升所作的《开元释教录》卷二、卷五、卷十二等记，讲述弥勒菩萨上生兜率陀天内院说法，以及将来下生成佛说法故事的弥勒经典，主要有这几部：

一、《观弥勒菩萨上生兜率陀天经》一卷，南朝刘宋时，由原北凉王从弟沮渠京声译。

二、《弥勒菩萨下生经》一卷，又作《弥勒成佛经》或《弥勒当来成佛经》等，西晋竺法护译。

以上两部经典，就是本书重点介绍的弥勒经典。关于这两部经的翻译和版本情况，我们后面还要谈到。

三、《弥勒下生经》一卷，姚秦时（公元三八四——

四一七年）西域名僧鸠摩罗什译。此经又名《弥勒受决经》，与竺法护所译《下生经》内容基本上差不多，当为同经异译。

四、《弥勒成佛经》一卷，也是鸠摩罗什译。内容基本上与上两经同，但描写更为详细。

五、《弥勒来时经》一卷，失译人名，《开元录》将之附于东晋录中，内容与《下生经》等基本相同，但更简单。

六、《弥勒下生成佛经》一卷，唐代僧人义净译，主要是以偈颂形式译出。

以上六部经典，合称为“弥勒六部经”，其中后面五部内容上大同小异，都是讲弥勒从兜率天宫下生人间，在龙华树下得道成佛，三会说法的事情，因此属同一类经典。在“弥勒六部经”中，影响较大的有《弥勒菩萨上生经》《弥勒菩萨下生经》和《弥勒成佛经》。这三部经被称为“弥勒三部经”，我们所选的就是其中的两部。

《弥勒上生经》唯有单译，此经《开元录》讲，是沮渠京声到刘宋后，于孝建二年（公元四五五年）在扬都竹园寺或钟山定林寺译出。但《出三藏记集》则认为是沮渠京声游西域时，在高昌郡得到并译出，然后将译本带回。

此经所说内容，是弥勒菩萨上生兜率陀天，在兜率天宫内院说法，以及诸天子供养弥勒菩萨之事，从故事发生的时间来看，当在《下生经》之前。但是，经中却说，弥勒菩萨将于五十六亿七千万年后下生于阎浮提，“如《弥勒下生经》说”等等，据此，本经的形成，时间上当晚于《下生经》的成立。

此经虽然唯有单译，但此经问世以来，一直受到人们的重视。有关弥勒菩萨的兜率净土思想，在隋唐以前，是中国佛教净土信仰的重要组成部分。隋唐以后，由于阿弥陀佛的西方极乐净土信仰的兴起，弥勒菩萨的兜率净土才渐渐被阿弥陀佛的西方净土所替代，但仍有一些佛教学者持弥勒净土信仰，如唐代高僧玄奘法师，就是弥勒菩萨的兜率净土信仰者。

关于此经的注疏，主要有：署名为吉藏的《弥勒经游意》一卷、唐代新罗僧元晓撰《弥勒上生经宗要》一卷、唐代窥基撰写的《观弥勒上生兜率天经赞》二卷，等等。

竺法护译的《弥勒菩萨下生经》，《开元录》列为“缺本”，然现存各本都题为竺法护译。此经与东晋时僧伽提婆所译的《增一阿含经》第四十四卷中第三个经的内容基本相同，因此有人认为此经直接来源于僧伽提婆。但是《开元录》卷十二及卷十四中，列此经前后六个译本，其中却无僧伽提婆所译之经。

此经有多种译本，上述“弥勒六部经”中第三、第五两部，均为此经的别出本。另外，《开元录》卷十四中，还列了此经的三个佚本，它们是：一、西晋失译的《弥勒当来生经》一卷。二、东晋失译的《弥勒作佛时事经》一卷。三、梁代真谛三藏译的《弥勒下生经》一卷。此外《历代三宝记》卷十一，萧齐道政译经条中，记有长安释道标曾译《弥勒成佛经》一卷，与罗什译本稍异，萧齐时由江州沙门道政删改标定，等等。由此可见，此经在唐代以前，就已经有多种译本问世。

现存的《下生经》，除了汉文译本外，尚有梵文本、藏文本、于阗文本以及用回鹘文字书写的本子等。关于本经的注疏，主要有唐代憬兴的《弥勒下生经疏》一卷，唐代作者不详的《弥勒下生经述赞》一卷等。

本书采用的《上生经》和《下生经》的本子，都是光绪三年（公元一八七七年）八月金陵刻经处的刻本。

经
典

1　佛说观弥勒菩萨上生兜率陀天经

原典

佛[①]说观弥勒菩萨[②]上生兜率陀天[③]经

刘宋[④]居士[⑤]沮渠京声[⑥]译

如是我闻[⑦]：

一时[⑧]，佛在舍卫国[⑨]祇树给孤独园[⑩]。

尔时，世尊[⑪]于初夜分[⑫]，举身放光。其光金色，绕祇陀园[⑬]，周遍七匝[⑭]。照须达[⑮]舍，亦作金色。有金色光，犹如段云，遍舍卫国。处处皆雨金色莲华。

注释

①**佛**：梵语音译“佛陀”，或“浮陀”“浮图”等，

简称为佛。本来是“觉悟者”的意思。佛家以此为修行的最高成果。觉有“自觉”（自己已经获得了觉悟的果位）、“觉他”（以自己所证得的觉悟之道教化众生，使众生得到同样的觉悟）、“觉行圆满”（觉悟和修行，即智慧和实践两个方面都已功德圆满）之意。大乘佛教认为，在整个宇宙中，四维上下，过去未来，十方三世有无量数佛出现于世。他们都在自己的国土里教化众生。如我们平常所熟知的阿弥陀佛、药师佛、弥勒佛、燃灯佛等。所以，“佛”就是已经证得最高智慧者的统称。然而，一般习惯上则以“佛”专指佛教的创始者释迦牟尼，即我们这个世界的觉者。这儿的“佛说”，也是指释迦牟尼佛，说明这部佛典是由释迦牟尼佛所说的。

②弥勒菩萨：弥勒是梵文音译（又作梅底丽等），意为“慈氏”。“菩萨”是梵语音译“菩提萨埵”的略称，意为“觉有情”“道心众生”等。旧译又作“大士”“开士”等。佛教用以称呼那些曾经立下弘大誓愿，欲以无上之智慧去掌握和证得佛道，并立志以慈悲之心愿救度众生苦难的人。弥勒菩萨是佛教中的大菩萨，相传他生于古代印度的一个婆罗门家庭，后来跟随释迦佛出家，成为佛陀的弟子，他入灭于释迦佛之前，灭度以后，即上生到兜率天宫，在兜率天内院为那儿的诸天人演说佛法。经过很长一段岁月（据说长达五十六亿七千万年）

又再次降生到我们这个世界，在华林园的龙华树下修道成佛，获无上正等正觉，又先后三次演说佛法，广度众生。第一会说法度九十六亿人，第二会说法度九十四亿人，第三会说法度九十二亿人，等等。《弥勒菩萨上生经》和《弥勒菩萨下生经》就是专门讲述关于弥勒菩萨事迹的佛教经典。

③**兜率陀天**：即兜率天，欲界六天之一。佛教将世俗世界分为欲界（指具有衣食男女之欲望的有情众生所居之处，即我们一般男女众生所居住的世界）、色界（已经断除饮食、男女之欲，但在生活中仍离不开物质需要的有情众生所居之处）、无色界（经过一定的修行，已经脱离了对物质条件需要的依赖性，因而其身体轻盈而无形色众生所居之处）三个层次。其中欲界有六重天，它的第四重即为兜率天。据说生于兜率天中的众生都是通体光明，兜率天又分为内、外两院，内院即弥勒菩萨上生说法之处。

④**刘宋**：公元五世纪，在中国南北朝时代，南方所建立的一个朝廷，其国号为“宋”，因其皇帝姓刘，所以历史上又称之为“刘宋”。刘宋皇朝自公元四二〇年刘裕代晋称帝起，至公元四七九年被南齐所代为止，前后共存在六十年。刘宋历代皇帝，大多信奉佛教，特别是宋文帝尤重佛法，因而这一时期佛教比以前有较大发展。

据《法苑珠林》等资料记载，刘宋时，境内有佛寺近二千所，出家僧尼有三十六万。

⑤**居士**：居家修道之士。佛教用以称在家而有志于佛道者，即未出家的佛教信众。男、女居士是佛教四众弟子中的在家二众（另二众即为出家的比丘和比丘尼），他们是佛教最基本的信众。

⑥**沮渠京声**：中国南北朝时期的佛经翻译家。十六国的北凉王沮渠蒙逊的堂弟，称“安阳侯”。自幼信奉佛教、受五戒，曾游学于高昌、于阗一带。刘宋元嘉年间（公元四二四——四五三年）来到江南。所译佛经，除《弥勒上生经》外，还有《八关斋经》《治禅病秘要法》等多部。

⑦**如是我闻**：照字面的意思解释，意为“我是这样听说的”。因一切佛经，都是在佛陀灭度以后，由其弟子中被称为“多闻第一”的阿难尊者口述，并经诸上座长老审订而成。“如是我闻”四字，即为阿难所述之言。表示阿难所述，都是从佛陀那儿听说的。据《大智度论》等资料记载，相传佛陀行将入灭时，阿难曾请问于佛：一切佛经的开卷首语，应当怎么说？佛陀就告诉他：一切佛经应当以“如是我闻”为开始。于是，这句话渐渐成为一切佛经开始之定式。

⑧**一时**：即在某一时刻之义，表示佛陀讲说此经的

时间。

⑨舍卫国：“舍卫”又作“室罗伐”“室罗伐悉底”等。本是古代印度憍萨罗国的都城之名，后用以作为国名。据佛经记载，释迦牟尼佛曾经长期在这儿传播佛法，教化众生。

⑩祇树给孤独国：又作“祇园”“祇园精舍”或“祇洹精舍”等。印度著名的佛教圣地之一，与王舍城的竹林精舍并称为佛教最早的两大精舍。由憍萨罗国的给孤独长者与波斯匿王的太子祇陀共同捐赠、奉献给释迦佛，作为佛陀的居住和说法之处，故而以两人的名字命名。据说佛陀曾长期居住在此，为弟子们演说佛法，前后共达二十五年之久。

⑪世尊：因智慧和道德高超而受到世人的尊敬，所以称作“世尊”。这一称呼本是古代印度婆罗门教中对年长而又德高望重者的尊称，佛教用来作为对佛陀释迦牟尼的尊称。

⑫初夜分：古印度计时习俗，将一昼夜分为六个部分，称作“昼夜六时”。其中昼三时分别为“晨朝、日中、日没”。夜三时分别为“初夜、中夜、后夜”。初夜分即初夜时分，按现代计时方法计算，当为晚上六时至十时之间。

⑬祇陀园：即“祇树给孤独园”。

⑭**匝**：音“札”。环绕、周遍的意思。

⑮**须达**：又作须达多。即中印度舍卫国的富商给孤独长者的名字，其原意为“善给”“善与”等。据说这位须达长者宅心仁厚，常以钱财、衣物等接济贫困孤独者，因此被人称为“给孤独”长者。曾与太子祇陀一起共同建造“祇洹精舍”，作为佛陀说法的场所。

译文

我是这样听说的：

当时，释迦牟尼佛在舍卫国的祇树给孤独园为弟子们演说佛法。

那时，刚刚进入初夜时分，人间的尊者释迦牟尼佛浑身放出金色的光芒。金光闪闪，层层环绕着祇陀园林，竟达七层之多。在金色光芒的照耀下，须达长者的屋宇，也是金光闪闪，通体发光，好像一座金色的宫殿，巍峨壮丽。此外，还有一道金色的佛光直冲云霄，射向茫茫苍穹，如同金色的彩霞，高高地挂在空中。这时，整个舍卫国境内，空中缓缓飘洒着金色的莲花，就像在下着一场金色的花雨。

原典

其光明中，有无量[①]百千诸大化佛[②]，皆唱是言："今于此中，有千菩萨。最初成佛，名拘留孙[③]；最后成佛，名曰楼至[④]。"

注释

①无量：即数目极多，无法计量的意思。

②化佛：即化身之佛，按佛家所说，诸佛、菩萨为普度众生，使众生得到解脱，经常随众生的不同根机施法说教。有时为便利教化众生，还要变现各种化身。化佛就是诸佛菩萨以神通力变化显现的佛身形象。

③拘留孙：有时又译作"俱留孙""拘楼孙"等。佛教所说"贤劫"千佛中的第一位佛。按照佛教对宇宙的看法，认为整个世界处在不停的运动变化过程中，任何事物都在不断地经历着生灭的变化，每一次生灭过程，都包含着"成、住、坏、空"四个阶段。整个世界所经历的这样一个生灭过程，称之为一个"大劫"。我们现在所经历的这一大劫，叫做"贤劫"。在这一"贤劫"中，先后将有一千个佛出世，教化世间的众生，其中第一位，就是拘留孙佛。据《阿含经》等佛教经典说，拘留孙佛

出世在安和城中，诞生在一个姓迦叶的婆罗门种姓家中，其父名叫“记得”，母亲叫做“善枝”。当时人的寿命很长，可以活到四万岁。拘留孙成佛后，一次说法，就度四万人。他的上座弟子叫做“毗楼”“萨尼”，侍者叫做“善觉”，等等。在《贤劫经》《出曜经》《中阿含经》《增一阿含经》等佛教经典中，也有讲到拘留孙佛的故事。除此以外，又有认为拘留孙佛是佛教所说的“过去七佛”中的第四位佛。如《长阿含经》卷一中说到过去七佛，为毗婆尸佛、尸弃佛、毗舍婆佛、拘楼孙佛、拘那含佛、迦叶佛、释迦牟尼佛。

④**楼至：**又作“卢至”，是贤劫千佛中最后修成佛道的一位佛陀。“楼至”是梵文音译，其意思是“爱乐”，或为“啼哭”之意。所以此佛又被称作“爱乐佛”，或“啼哭佛”。据唐代僧人慧琳所作的《一切经音义》第十四卷中说，此佛今身即密迹金刚。

译文

在此普天金色的光明之中，有无数的化身佛，异口同声地唱诵道：“现今贤劫中，在这个世界，有一千位菩萨将要成佛，最初成佛的一位，名叫拘留孙，最后成佛的一位，名叫楼至。”

原典

说是语已，尊者[①]阿若憍陈如[②]，即从禅[③]起，与其眷属二百五十人俱。尊者摩诃迦叶[④]，与其眷属二百五十人俱。尊者大目犍连[⑤]，与其眷属二百五十人俱。尊者舍利弗[⑥]，与其眷属二百五十人俱。摩诃波阇波提[⑦]比丘尼，与其眷属千比丘尼俱。须达长者，与三千优婆塞[⑧]俱。毗舍佉母[⑨]与二千优婆夷[⑩]俱。

复有菩萨摩诃萨[⑪]，名跋陀婆罗[⑫]，与其眷属十六菩萨俱。文殊师利[⑬]法王子，与其眷属五百菩萨俱。天、龙、夜叉、乾闼婆[⑭]等，一切大众睹佛光明，皆悉云集。

注释

①**尊者**：德高望重而受世人尊重者。在佛经中，一般以此作为佛陀的出家弟子，并已通过修行而获得了一定的成果，如已修成罗汉果位者的尊称。

②**阿若憍陈如**：简称憍陈如，又作憍陈那。释迦牟尼佛最初所度的五个弟子（即佛教史上所说的“五比丘”）之一。据佛经记载，憍陈如等五人本是释迦牟尼佛的父亲净饭王属下的大臣。当释迦牟尼佛刚刚出家时，他们曾受净饭王的委托，追随释迦，以照顾他的起居。

释迦牟尼佛在修行过程中，觉得光修苦行，于佛道的觉悟无益，于是决定放弃苦行，憍陈如等五人见释迦放弃苦行，误以为他修道的意志不坚定，便弃他而去。后来释迦牟尼佛在菩提树下得成正觉，修成佛道，他们五人便在波罗奈国的鹿野苑受世尊的教化而成为最初的佛弟子。憍陈如等五人均因听闻佛法而得悟，后来都成了阿罗汉。

③禅：梵文音译“禅那”的简称，意为静虑、思维修等。佛教修行方法之一。要求修行者专心系念于一境，摒弃杂念，在静心审虑的过程中获得智慧。

④摩诃迦叶：即“大迦叶”，佛陀的十大弟子之一。在释迦牟尼佛的弟子中，叫“迦叶”的有好几个，但以他年纪较长，故称为“大迦叶”。相传他本生于古代印度摩揭陀国王舍城郊外的一个婆罗门家庭，后来他信奉佛教，归依了佛陀。在佛陀的十大弟子中，他以修习头陀苦行而著称，因此被赞为“头陀第一”。相传佛陀在灵山会上为众弟子说法，有大梵天王以金色波罗花献佛，以表敬意。佛陀一言不发，唯拈花以示众人，在场听众均不知佛陀是何用意，只有大迦叶破颜微笑，于是佛陀向众人宣布：“我有正法眼藏，涅槃妙心，实相无相，微妙法门，付与摩诃迦叶。”这就是佛教禅宗中常说的“拈花微笑”的典故。释迦牟尼佛灭度后，摩诃迦叶主持了佛

教史上第一次经典的会诵和整理工作，从而使佛教的经典得以保存和流传。据说摩诃迦叶后来隐身于王舍城外的鸡足山中，等待将来弥勒佛降世时，即出来将释迦牟尼佛留下的衣钵传给弥勒佛，并协助弥勒佛一起教化众生。

⑤**大目犍连：**简称“目连”，释迦牟尼佛的十大弟子之一。古印度摩揭陀国王舍城郊外人，属婆罗门种姓，后归依佛陀而出家，常随侍佛陀身边。相传他有很大的神通力，在佛诸弟子中以“神通第一”而著称。据说他在修习禅定的过程中，运用神通力，看到自己的母亲不幸堕于饿鬼道中，忍受着饥饿之苦。目连因此向佛陀求救，佛陀便告诉他解救的方法：即于每年的七月十五日，要在盆中设珍肴、鲜果以供养众僧，以此仰仗十方僧众的力量，使他的母亲得以超度。这就是后来每年七月十五日“盂兰盆”节的来历。“盂兰”即“救倒悬”之意，是说此超度饿鬼的功德，有如救人于倒悬之中一般。

⑥**舍利弗：**又译作奢利弗、富多罗等，意为“秋露子”。据说他母亲眼睛明净，好像秋露（一种鸟名）之眼，故称其子为“秋露子”。相传他自幼即聪明善辩，在地方上有很大影响，后来他碰到一位叫“马胜”的比丘，告诉他佛陀所说的“因缘所生，诸法皆空”的道理，使他大为折服，于是归依佛法。他是释迦牟尼佛座下十大

弟子之一，以智慧善辩、持戒多闻著称，因而在诸弟子中被称为“智慧第一”。

⑦**摩诃波阇波提**：亦作摩诃钵剌阇钵底、摩诃波阇婆底等，意为“大爱道”“大生主”，有时又称为“瞿昙弥”等。相传她是天臂城善觉王之女，释迦牟尼佛母亲摩诃摩耶夫人之妹，因而是释迦牟尼佛的姨母。据佛经记载，当世尊降诞后不久，其生母摩耶夫人即去世，他是由姨母抚养成人。摩诃波阇波提后随世尊出家修道，成为佛教历史上第一位比丘尼。

⑧**优婆塞**：意为清信士、近事男等。佛家对归依佛法，已受五戒，在家修行的男居士的称呼。优婆塞与优婆夷（女居士）一起构成佛教四众弟子中的二众（另二众即为出家的比丘与比丘尼）。

⑨**毗舍佉母**：有时意译为“鹿母”“鹿子母”等。“毗舍佉”梵文为“鹿”之意，本是星辰之名。据说她诞生之日恰逢此星，因以为名。另一种说法，是说她有一个儿子，取名为“鹿”，因此称母亲为“鹿之母”。据佛经记载，她本是鸯伽国女子，容貌端丽，嫁给舍卫城弥迦罗之子那婆陀那，生有三十二个孩子。相传此夫人聪明净信，经常以财物布施众人，后来遇到佛陀游行教化，乃归依佛法，成为在家女信众。她曾拿出陪嫁之物修建一座规模宏大的精舍，请世尊在其中讲道说法，这

就是佛教史上著名的“鹿母讲堂”。

⑩**优婆夷：**意为清信女、近事女。指已受一定戒规的在家女性佛教徒，即一般所说的女居士，佛教四众弟子之一。参见前“优婆塞”注文。

⑪**菩萨摩诃萨：**即“大菩萨”之意。“大”指大乘佛教之道，为强调追求大乘之道的菩萨众，故称。

⑫**跋陀婆罗：**又作跋陀罗波利、跋陀和等。意译为贤护、贤守等。佛教八大菩萨之一，王舍城众在家菩萨中的上首菩萨，他以善妙之意爱护众生，按《八吉祥神咒经》等记载，假如众生患有疾病，只要诵念贤护等八菩萨之名，即能使病患得以痊愈。据说他生前在威音王佛时出家为僧，曾于沐浴时忽以水而得悟，故中国佛教禅院的浴室中，常安有此菩萨像。

⑬**文殊师利：**又作“曼殊室利”等，意为妙德吉祥，即通常所说的文殊菩萨。《华严经》以他是释迦牟尼佛的胁侍菩萨，众菩萨之上首，被认为是如来“法王”之子，因此常被称作为“法王子”。他又是佛法智慧的化身，常协同佛陀宣讲佛法，教化众生。他曾受佛陀的委托，率众弟子前去探访维摩诘居士，并与维摩诘反复讨论大乘佛法的奥义。相传我国山西省五台山即为文殊菩萨的说法道场。

⑭**天、龙、夜叉、乾闼婆：**均为佛教护法诸神。与

阿修罗、紧那罗、迦楼罗、摩睺罗迦合称为“天龙八部”，或“八部众”。相传释迦牟尼佛在过去世未成佛时，此八部众曾对空发誓，一旦将来释迦得道成佛，他们都愿意成为释迦牟尼佛的护法眷属。其中“天”指生活在天界的众生，梵文读作“提婆”，是众生修习各种善业而感得的殊胜果报。佛教说三界共有二十八天，生活在其中的众生统称为诸天。天龙八部中的“天”，主要是指欲界的诸天，包括四天王天以及忉利天等。“龙”，梵语音译为“那伽”，是一种身长而无足的生物，善变化，有灵异，能呼风唤雨。“夜叉”又作“药叉”，意为捷疾鬼，本是古印度神话中一种小精灵，佛教中被列为毗沙门天王的部属。乾闼婆意为灵香、嗅香，是忉利天主帝释天座前的音乐之神，据说当帝释天欲听音乐时，即焚香招唤，乾闼婆就会闻香而来，在帝释天座前奏起天乐。

译文

说完这些话，阿若憍陈如尊者，这位释迦牟尼佛最初在鹿野苑所度化的五个弟子（即五比丘）中的一个，立即从禅坐中起身，带领弟子和眷属共二百五十人，来到佛陀所在的地方。佛陀座下十大弟子之一，被尊为“头陀第一”的摩诃迦叶尊者，也带着他的眷属弟子二百五十人来到了释迦牟尼佛处。佛陀的另一个大弟子，以“神通第一”著称的大目犍连尊者，也率领眷属弟子二百五十人来到了佛所在的地方。在释迦牟尼佛座下十大弟子中，以智慧善辩而被誉为“智慧第一”的尊者舍利弗，也率领弟子眷属二百五十人赶来了。佛陀的姨母，自幼将释迦牟尼佛抚养成长，后来又跟随佛陀出家的摩诃波阇波提比丘尼，也带领她的弟子眷属共千名比丘尼来到了。须达长者，这位在舍卫国受到众人尊敬爱戴的长者，率领了三千名已归依佛法、在家修行的男居士；鹿子母女居士，这位聪明净信，曾经拿出陪嫁之钱修建了规模宏大的鹿母讲堂，请世尊说法的善信女带领了两千名虔信的女居士，一起赶到这儿。

此外，还有一些大菩萨，像跋陀婆罗菩萨，本是王舍城诸多在家菩萨中的上首菩萨，他带领眷属十六位菩萨赶来了。文殊师利菩萨，这位代表了佛法智慧化身的大菩萨，率领了眷属五百菩萨，也聚集到了释迦牟尼佛处。还有天龙八部、各个护持佛法的神众，以及其他一切信奉佛法的众生，看到了佛陀身上光明显现，都纷纷来到佛所在的地方，大众云集，相聚一处。

原典

尔时，世尊出广长舌相①，放千光明。一一光明，各有千色。一一色中，有无量化佛。是诸化佛，异口同音，皆说清净诸大菩萨甚深不可思议诸陀罗尼②法。所谓："阿难陀目佉陀罗尼""空慧陀罗尼""无阂性陀罗尼""大解脱无相陀罗尼"。

注释

①**广长舌相**：佛陀的三十二相之一。相传诸佛世尊因修行的功德，其身相有许多与平常人不同之处，归纳起来有三十二种，称之为"三十二相"或"三十二大人相"。广长舌相即为其中之一，据说佛陀的舌头柔软红薄，又长又宽广，伸出来能遮覆脸面，直至发际。

②**陀罗尼**：梵言陀罗尼，意为"持""总持"。本为能使善法生起不散，使恶法消散不起之功用。分为法陀罗尼、义陀罗尼、咒陀罗尼、忍陀罗尼四种。现在常说的陀罗尼，即指咒陀罗尼，亦即通常所说的咒语真言。据说诵持各种咒语，能达到消灾除患的目的。下文所列"阿难陀目佉陀罗尼""空慧陀罗尼""无阂性陀罗尼"等，即是各种经咒。

译文

这时，世尊向与会大众显示了广长舌相，身上放射出千万道金光。每一道光芒都是五彩缤纷，其中蕴含了上千种色彩，十分美丽壮观。每一种色彩中，都闪现着无数化佛。这些化佛都异口同声，唱诵着清净无染的、唯众大菩萨才能理解的深奥而又具有不可思议之奇妙功用的陀罗尼真言。这些真言就是所谓“阿难陀目佉陀罗尼”“空慧陀罗尼”“无阂性陀罗尼”“大解脱无相陀罗尼”等。

原典

尔时，世尊以一音声说百亿陀罗尼门。说此陀罗尼已，尔时会中，有一菩萨，名曰“弥勒”，闻佛所说，应时即得百万亿陀罗尼门。即从座起，整衣服，叉手合掌①，住立佛前。

注释

①**叉手合掌**：又作“合掌叉手”，天竺礼法。以双手相叉，表示礼敬之意。如《观无量寿经》说：“合掌叉手，称南无阿弥陀佛。”

译文

这时，世尊以一个声音演说百亿陀罗尼法门。当佛陀说完这些陀罗尼真言时，与会者中间，有一位叫做弥勒的菩萨，由于听闻佛陀所说的真言，立即就彻悟并掌握了这百万亿陀罗尼法门，获得了神奇的功用。他从座上起身，整理一下自己的衣服，双手合十，站在世尊前，向佛陀表示自己的敬意。

原典

尔时，优波离①亦从座起，头面作礼②而白佛言：世尊！世尊往昔于毗尼③中，及诸经藏④，说阿逸多⑤次当作佛。此阿逸多具凡夫身，未断诸漏⑥，此人命终，当生何处？其人今者虽复出家，不修禅定，不断烦恼⑦，佛记此人，成佛无疑。此人命终，生何国土？

注释

①优波离：又作优婆利、优波利等。古印度迦毗罗卫国人，出身于首陀罗种姓。首陀罗是古代印度种姓制度中最低等的一个种姓。他曾担任释迦王宫中的理发师。后随释迦牟尼佛出家，成为世尊的十大弟子之一。由于他严守戒律，因而在诸弟子中被称为“持律第一”。相传释迦牟尼佛灭度后不久，由摩诃迦叶主持，聚集诸上座弟子会诵审订佛教经典，其中《律藏》就是由优波离

诵出。

②**头面作礼**：以头面顶礼尊者之足，表示尊敬之意，是佛教中一种隆重的礼节。

③**毗尼**：旧译作“毗奈耶”，意即为“律”。

④**经藏**：佛教的经典，可分为经、律、论三部分，称为“三藏”。“藏”原意是指盛放东西的竹筐。“经藏”即指三藏中“经”的部分，梵语音为“修多罗”。上文“毗尼”，即为三藏中的“律藏”。

⑤**阿逸多**：意为“无能胜”，即弥勒菩萨之名。“弥勒”是姓，意为“慈氏”，所以弥勒菩萨又称作“慈氏菩萨”。阿逸多为名。据慈恩大师《阿弥陀经疏》说：弥勒菩萨由于多修慈心，多入慈心三昧，所以被称为“慈氏”。又因以修慈最胜，因而名为“无能胜”。

⑥**漏**：意为漏泄，是烦恼的异名。佛教认为，有情众生受各种贪、嗔、痴等情结和欲望（即烦恼）逼迫，使眼、耳、鼻、舌、身、意等感觉和思维器官不断造作各种“不净”之业，从而使生命流转于三界之间，漏落在三恶道中，不能摆脱生死轮回，因而称之为“漏”。

⑦**烦恼**：又称为“惑”，指能扰乱众生身心，使众生在见闻、思虑等方面产生迷惑、苦恼等情感的精神作用。据《唯识述记》解释，“烦”是扰的意思，“恼”是乱的意思。一切能使有情众生心绪不宁，或能产生各种欲求

的情绪、思想和精神作用，都可称为“烦恼”。“烦恼”是与佛教追求的宁静、寂默的精神境界相抵触的。在现实生活中正在发生作用的烦恼，又通称为“漏”，是人生“苦”的直接根源。佛教的修行，就是要克服和消除种种“烦恼”，达到寂然静默，即涅槃的精神境界。

译文

这时，在佛诸弟子中以严守戒律而著称的优波离尊者，也从座位中起身，以头面顶礼世尊之足，向佛表示恭敬，并且对佛陀说道：世尊！您过去在为我们制定各种律仪以及宣说各种佛经时，曾经说到过这位阿逸多（即弥勒菩萨，阿逸多是他的名）将要继您之后修行成佛。但是，这位阿逸多现在还只是一个凡夫俗身，还未断除各种烦恼障碍，此人今世命终之后，应当生于什么趣处呢？这个人现在虽然也信奉佛法而出家，但他平时并不修习禅定等实践功夫，也未能断除烦恼疑惑诸障，使心得到清净寂静。然而，现在世尊却预言此人将来必定成佛无疑。那么，请世尊为我们指点一下，此人命终以后，究竟将生于何方国土呢？

原典

佛告优波离：谛听！谛听！善思念之。如来、应、正遍知①，今于此众，说弥勒菩萨摩诃萨阿耨多罗三藐三菩提②。记③此人从今十二年后命终，必得往生兜率天上。尔时，兜率陀天上有五百亿天子，一一天子皆修甚深檀波罗蜜④。为供养一生补处⑤菩萨故，以天福力造作宫殿。各各脱身栴檀摩尼宝冠⑥，长跪⑦合掌，发是愿言："我今持是无价宝珠，及以天冠，为供养大心众生⑧故。此人来世，不久当成阿耨多罗三藐三菩提。我于彼佛庄严国界，得受记⑨者，令我宝冠化成供具。"如是诸天子等，各各长跪，发弘誓愿，亦复如是。

注释

①如来、应、正遍知：又作"如来应供等正觉"，是释迦牟尼佛的三种称号。按佛教所说，释迦于人世成佛，应有十种名号，这十种名号是：如来、应供、正遍知、明行足、善逝、世间解、无上士、调御丈夫、天人师、佛世尊。"如来、应、正遍知"即前三种称号。如来者，指佛陀是乘如实之道而来，并由如实之道而成正觉。应供是说佛陀已成正觉，应受人、天供养。正遍知即等正

觉，是说佛陀已经正确地掌握和普遍了知世间一切诸法，故称。

②**阿耨多罗三藐三菩提：**梵语音译，意为“无上正等正觉”。指佛陀所具之超凡的智慧。佛教认为佛的智慧是至高无上的，没有邪偏之见，平等觉知一切正理，因此称为无上正等正觉。

③**记：**即“记别”，又作“记”。指佛陀预言其弟子将来成佛之事。如《妙法莲华经·授记品》中，佛陀对大众宣布，摩诃迦叶于未来世将成佛，其名曰“光明如来”，其国土名“光德”。须菩提也将在未来世成佛，称号叫做“保相如来”，国土名叫“宝生”，等等。佛对众弟子授予记别，称为“授记”；其弟子从佛处领受记别，称作“受记”。

④**檀波罗蜜：**檀是梵语音译“檀那”的略称，意为布施，指以财物或佛法施于别人。“波罗蜜”意译为“度”，或者叫“到彼岸”，指渡过生死之海，到达涅槃彼岸。檀波罗蜜，通俗地说，就是“布施度”，或称“布施到彼岸”。意为通过财施或法施，能使布施者积累功德，从而逐步解脱生死轮回，到达涅槃寂静的彼岸世界。檀波罗蜜是大乘佛教修行的六波罗蜜（即六度），或十波罗蜜之一，是佛教的一种重要的修行方法。

⑤**一生补处：**佛家认为，菩萨修行，有若干阶段，

必须循序渐进。到了最高等级，即“佛地”。以一次转生，即能得道成佛，这一阶地称为“一生补处”。这儿所说的“一生补处”菩萨，即指已经上升到兜率天宫的弥勒菩萨。因弥勒菩萨将来转生即要在华林园龙华树下得道成佛，所以称之为“一生补处”菩萨。

⑥**栴檀摩尼宝冠**：栴檀，是一种名贵的香木，出产于南印度摩罗耶山。据说有祛病去邪的功效。摩尼，又作末尼，珠宝的统称。栴檀摩尼宝冠即是用栴檀香木和各种名贵珠宝制作和装饰的宝冠。

⑦**长跪**：以两膝着地，两足竖起，足趾头支地，两胫翘空，身体挺立，此即为长跪。佛经中有时又称为“胡跪”。

⑧**大心众生**：大乘佛教菩萨的又一称呼，因大乘菩萨有追求大道之心，而又广普运心，救度世人，所以有时又称作“大心众生”。

⑨**受记**：指接受佛陀关于将来成佛之事的预言。参见“记别”条注文。

译文

佛陀听了优波离的问话，就告诉他说：优波离啊！你仔细地听，认真地听，好好地思考，牢牢地记住我所说的话。佛陀既然称为如来、应供、正遍知，我今天就对在这儿与会的大众，说一说弥勒菩萨将成无上正等正觉之事吧。

我预记这位阿逸多，自今算起，十二年以后就要命终。他命终以后，必然会往生到兜率陀天上去。那时，兜率天上，生活着五百亿位天子，每一位天子都在修行能够到达彼岸世界的“六度”中的布施，并有着精深的修持功力。为了供养再经一次转生即能修道成佛的大菩萨，他们以诸天才有的福慧之力，建造了豪华壮观的宫殿，还各自脱下了由檀香木和各种名贵宝珠制作及装饰起来的宝冠，双膝长跪于地，双手合掌，发出如下誓愿：“我现在拿着这些无价之宝，以及这顶由各种宝珠缀成的天冠，是为了供养这位将成大道并将要普度世人的大菩萨。这位大菩萨来到我们这个世界，不久就要修成无上正等正觉。如果我将来能够在这位佛陀的庄严国界中得到授记，于未来世必定也能修成佛道的话，那么我的这顶宝冠就将化作供养这位大菩萨的器具。”五百亿诸天子都一一长跪于地，发下了同样的大誓愿。

原典

时，诸天子作是愿已，是诸宝冠，化作五百万亿宝宫。一一宝宫，有七重垣。一一垣七宝[①]所成，一一宝出五百亿光明。一一光明中，有五百亿莲华。一一莲华，化作五百亿七宝行树。一一树叶，有五百亿宝色。一一宝色，有五百亿阎浮檀金[②]光。一一阎浮檀金光中，出五百亿诸天宝女。一一宝女，住立树下，执百亿宝。无数璎珞，出妙音乐。

时，乐音中，演说不退转地法轮[③]之行。其树生果，如玻璃[④]色。一切众色入玻璃色中。是诸光明，右旋宛转，流出众音。众音演说，大慈大悲法。一一垣墙，高六十二由旬[⑤]，厚十四由旬，五百亿龙王围绕此垣。一一龙王，雨五百亿七宝行树，庄严垣上。自然有风，吹动此树，树相振[⑥]触，演说苦、空、无常、无我，诸波罗蜜。

注释

①七宝：即七种宝物。诸经论中所说略有差别。一说为金、银、琉璃、砗磲、玛瑙、珍珠、玫瑰。另一说为金、银、琉璃、砗磲、玛瑙、琥珀、珊瑚，等等。

②阎浮檀金：又作炎浮檀金、阎浮提金等。是一种色泽赤黄而带有紫焰的黄金。阎浮是河名，此河中盛产金沙，其金即称为阎浮檀金，在古代印度享有盛名，佛

经中曾多次提到过。如《妙法莲华经》中也有“阎浮那提（即阎浮檀）金光如来”。

③**不退转地法轮**：“法轮”即指佛菩萨所说之法。“轮”本来是古代印度的一种兵器，以法轮形容佛法，是说佛法正道能摧破一切邪魔外道。佛经上常把佛陀说法形容为“转法轮”。另外，佛家常说的“法轮常转”即意为佛法将长久地留存在世间的意思。“不退转地”，是梵语音译“阿毗跋致”的意译。是说修行者修到一定程度，已经达到能使所修功德善根只会日益增进累积，而决不会退失转变的地位。如《无量寿经》中所说的，往生西方极乐世界的众生，即能达到阿毗跋致，获不退转地。“不退转地法轮”就是说佛菩萨所说之佛法，能使众生证得不退转之地。

④**玻璃**：一作颇梨。据唐代僧人玄应所作的《一切经音义》等解释，佛经中所说的玻璃，是一种产于深山石窟中的宝石，有紫、白、红、碧四种色泽。在中国古代，通常又称之为“水精”。

⑤**由旬**：又作由延、逾缮那等。古代印度一种长度（距离）计量单位。以帝王一日行军的路程作为一由旬，约合现在四十里（也有说是三十里，此外还有其他多种说法）。

⑥**振**：接触，碰撞。

译文

当诸天子各各发下这弘大誓愿后，这些宝冠一一化作五百万亿宝宫。每一座宝宫都有七重围墙围绕，每一重围墙都是由金、银、琉璃、玻璃、珊瑚珍珠、玛瑙等七宝构成。每种宝物都是闪闪发光，汇成五百亿道耀眼夺目的光芒。每一道光芒中，有着五百亿朵莲花。每一朵莲花又化作五百亿棵用七宝装饰成的宝树，宝树的每一片叶子都闪烁着五百亿众宝之色。每一种宝色中又有五百亿道赤黄而带有紫焰的金光，好像阎浮提金所发出的那种令人心醉的色泽。每一道金光中，又闪现出五百亿诸天宝女，每一位宝女都是手持百亿种珍宝，静静地侍立于树下。这儿有无数璎珞，发出奇妙动听的音乐声。

此时，这些音乐声，都演示着能使修行者功德善根日益增长积累，并能达到不会退失转变地位的精妙佛法。这些树上所结的果实，都如同水晶般地闪发着耀眼的光泽。一切其他色彩，都融进了紫、白、红、碧等晶莹剔透的光芒之中。如此种种令人眩目的光芒，都是右旋而转，并流出种种美妙动听，宛转轻柔的音声。这些声音仿佛都在演说佛陀的大慈大悲之法。这些宫殿的每一重围墙都高六十二由旬（约合二千多里），厚达十四由旬

（约有五、六百里），有五百亿龙王围绕着这些宫墙。每一个龙王口中都吐出五百亿株枝头挂满各种珍奇珠宝的行树，用以装饰宫殿的围墙，当空中微风吹动时，这些宝树的树枝迎风微摆，互相碰撞，发出苦、空、无常、无我等各种能使修行者渡过生死苦海的佛法真理之音。

原典

尔时，此宫有一大神，名牢度跋提，即从座起，遍礼十方佛。发弘誓愿："若我福德，应为弥勒菩萨造善法堂①，令我额上，自然出珠。"既发愿已，额上自然出百亿宝珠。琉璃、玻璃，一切众色，无不具足。如紫绀摩尼②，表里映彻。此摩尼珠，回旋空中，化为四十九重微妙宝宫。一一栏楯，万亿梵摩尼③宝所共合成。诸栏楯间，自然化生九亿天子、五百亿天女。一一天子，手中化生无量亿万七宝莲华。一一莲华上有无量亿光。其光明中，具诸乐器。如是天乐，不鼓自鸣。此声出时，诸女自然执众乐器，竞起歌舞。所咏歌音，演说十善④、四弘誓愿⑤。诸天闻者，皆发无上道心。

注释

①善法堂：佛教以佛法为世间和出世间的善法，故

将演说佛法之堂称为“善法堂”。另据佛经称，须弥山顶喜见城外西南角，有帝释天讲堂，诸天常在此议论人天善恶之事，此堂亦称“善法堂”。这儿所说的“善法堂”，是牢度跋提为弥勒菩萨在兜率天宫所造的说法堂。

②紫绀摩尼：绀是一种青而带红的颜色，佛经中常说佛陀的毛发为绀青之色。紫绀摩尼是说能发出紫绀光泽的摩尼宝珠。

③梵摩尼：意为“净珠”，宝珠之名，一说即大梵天王的如意宝珠。

④十善：又作十善道、十善业等。佛家所说的十项能增进善业功德的思想言行。它们是：一、不杀生，二、不偷盗，三、不邪淫，四、不妄语，五、不两舌（不搬弄是非），六、不恶口（不讲粗言恶语），七、不绮语（不讲杂秽之语），八、不贪欲，九、不嗔恚，十、不愚痴。此十善业中，前三者为身业，次四者为口业，后三种为意业。十善与十恶相对，不犯十恶，即为十善。这是佛教的基本道德信条，大乘佛教在家佛教徒必须遵守的基本戒条。佛教认为，遵循十善法，即能积累功德，获人天福报。

⑤四弘誓愿：修习大乘佛教的菩萨众，初发心时，必须立下的四个誓愿。这四个誓愿是：一、众生无边誓愿度，二、烦恼无尽誓愿断，三、法门无量誓愿学，四、

佛道无上誓愿成。佛教认为此四大誓愿广大周遍，意志坚猛，所以称为“四弘誓愿”。发此广大弘愿，是为了使修行者能坚固慧心，制伏烦恼，成就无上菩提之道。

译文

守持此宫殿的，是一个叫做牢度跋提的大神。那时，这位大神从座而起，对十方诸佛遍施一礼，然后发弘誓愿说：“倘若以我的福德之力，能够为弥勒菩萨建造一座演说出世善法的说法堂的话，那么就让我头上自然生出宝珠。”大神发此弘誓愿毕，额上即自然生出百亿宝珠、琉璃等，色彩斑斓，熠熠生辉。如同那闪烁着紫绀色光芒的摩尼宝珠那样，表里映彻，晶莹剔透。这些摩尼宝珠忽然回旋于空中，化成四十九重微妙宝宫，环绕这些宝宫的栏楯，由亿万颗如意宝珠镶嵌合成，栏楯之间，自然化生出九亿天子，五百亿天女。诸天子手中都化生出无数枝七宝莲花，每一枝莲花上都闪烁着无数道光芒。在其光明之中，有着笙、鼓、箫、瑟等各种各样的乐器。这些乐器都不鼓自鸣，自动发出各种悦耳动听的旋律。每当这些旋律响起，诸天女即自然而然地走上前来，手中执持诸般乐器，翩翩起舞，轻歌曼曲。所唱歌词的内容，都在演说人天十善，菩萨发心的四弘誓愿等精奥微妙的佛法深意。居于兜率陀天的诸天，听到这种美妙的声音，顿时都从心底发出追求无上佛道的心愿。

原典

时诸垣中，有八色琉璃渠，一一渠有五百亿宝珠而用合成。一一渠中，有八味水①，八色具足。其水上涌，绕梁栋间。于四门外，化生四华。水出华中，如宝华流。一一华上，有二十四天女，身色微妙，如诸菩萨庄严身相，手中自然化五百亿宝器。一一器中，天诸甘露，自然盈满。左肩荷佩无量璎珞，右肩复负无量乐器。如云住空，从水而出，赞叹菩萨六波罗蜜②。若有往生兜率天上，自然得此天女侍御。

注释

①八味水： 据《无量寿经》和《阿弥陀经》等佛教经典讲，极乐世界的七宝池中盈满了八功德水。这种水具有八种功德：一、澄净，二、清冷，三、甘美，四、轻软，五、润泽，六、安和，七、除患，八、增益。八味水就是八功德水。

②六波罗蜜： 参见前“檀波罗蜜”注文。六波罗蜜即“六度”，是指六种能渡生死此岸，到达涅槃彼岸的修

行方法。它们是：布施、持戒、忍辱、精进、禅定、智慧。佛教认为不断地修持此六项内容，即能获得解脱，脱离生死轮回，到达涅槃境界。六波罗蜜是大乘佛教修习的主要内容。

译文

环绕宝宫的诸墙垣中，有八色琉璃之渠，每一条渠道都是由五百亿奇珍异宝铺砌而成，渠中流淌着带有澄净、清冷、甘美、柔软、润泽、安和、除患、增益等性能和功用的八味功德之水。水面泛着八种绚丽的色彩，这些八味功德之水不停地往上翻涌，缭绕于宫中梁栋之间。又流经四门之外，于水中化生出青、白、红、黄四色莲花。渠水流经花中，好像这些宝莲花也在流动。每一莲花上有二十四名天女，容貌姝丽姣好，体态婀娜多姿，如同诸大菩萨，身上钏环璎珞、众多珠宝的庄严身相。天女手中自然化现五百亿宝器，每个宝器中都自然充满着甘露。天女左肩佩饰数不清的璎珞，右肩负荷着无数各种各样的乐器。她们从水而出，有如朵朵艳丽的出水芙蓉，又如同片片飘浮在天边的彩云，齐声赞叹菩萨所修持的六度之行。如果有谁能往生于兜率陀天上，那么自然就有这些天女前来侍奉。

原典

亦有七宝大师子座①，高四由旬，阎浮檀金、无量众宝以为庄严。座四角头，生四莲华，一一莲华，百宝所成。一一宝出百亿光明，其光微妙，化为五百亿众宝杂华，庄严宝帐。时，十方②面百千梵王③，各各持一梵天妙宝，以为宝铃，悬宝帐上。时，小梵王持天众宝，以为罗网，弥覆帐上。尔时，百千无数天子、天女、眷属，各持宝华，以布座上。是诸莲华，自然皆出五百亿宝女，手执白拂④，侍立帐内。

注释

①师子座：“师子”即狮子，为百兽之王。佛教以佛为人中之至尊，有如狮子为百兽之王，故以佛座称为师子座。这儿指兜率天宫内弥勒菩萨说法时所踞之座。因弥勒菩萨摩诃萨为未来之佛，故其座亦称为师子座。

②十方：东西南北、四维上下，合称为十方。这儿泛指一切地方。

③梵王：本指大梵天王，这儿是泛指色界诸天。色界是佛教所说的三界（欲界、色界、无色界）之一，位于欲界之上。居住在色界的众生，已断除食欲和淫欲。

色界包括四禅十七天，统称色界诸天。

④**白拂**：拂子是驱赶蚊子的器具。白拂即用白毛制成的拂子。

译文

另外，天宫中还有一个供弥勒菩萨就坐的师子座。此座高四由旬（约合一百多里），四周用阎浮檀河中所产的紫金，以及无数珍珠宝物装饰。座的四角，有四枝精巧的莲花，每一枝都是由百宝合成。每样宝物都金光闪闪，闪烁着百亿道耀眼的光芒。在这些神奇微妙的光芒中，化现出五百亿由各种珍宝做成的美丽花儿，装饰着师子座上的宝帐。这时，十方世界的百千梵王，各持一样梵天妙宝，作为宝铃，悬挂于宝帐之上。诸小梵王也持着各种天上才有的宝物，结为网络，覆挂于宝帐之上。无数诸天众、天女以及他们的眷属，也都各自持着宝花，敷设布置于座上。而各种莲花都自然生出五百亿宝女，手持着白色的拂子，侍立于宝帐之内。

原典

持宫四角，有四宝柱。一一宝柱，有百千楼阁、梵摩尼珠，以为交络。时诸阁间，有百千天女，色妙无比，手执乐器。其乐音中，演说苦、空、无常、无我，诸波罗蜜。如是天宫，有百亿万无量宝色，一一诸女亦同宝色。尔时，十方无量诸天，命终皆愿生兜率天宫。

译文

宝宫四周的四个角上，有四根宝柱支撑着。根根宝柱之间，有百千座楼阁，其中有各式各样的摩尼宝珠交相辉映。各楼阁间，有千百个容貌姝丽，美妙无比的天女，手持各种乐器。她们演奏的音乐声，都是演示佛陀所说的人生是苦、世事是空、诸行无常、诸法无我等，能渡人出离生死苦海的佛法真理。这样，在兜率天宫中，有无数奇珍异宝，而诸天女，也都如同珍宝般地流光溢彩，和那些金银珍宝辉映成色。这时，十方无量无边的诸天众生，看到兜率净土如此辉煌壮丽的景色，都纷纷发愿，希望此生命终后，往生于兜率天宫——弥勒净土。

原典

时兜率天宫，有五大神：第一大神，名曰宝幢。身雨七宝，散宫墙内。一一宝珠，化成无量乐器，悬处空中，不鼓自鸣。有无量音，适众生意。

第二大神，名曰华德。身雨众华，弥覆宫墙，化成华盖。一一华盖，百千幢幡，以为导引。

第三大神，名曰香音。身毛孔中，雨出微妙海此岸栴檀香。其香如云，作百宝色，绕宫七匝。

第四大神，名曰喜乐。雨如意珠。一一宝珠，自然住在幢幡之上，显说无量归佛、归法、归比丘僧，及说五戒①，无量善法，诸波罗蜜，饶益劝助菩提音者。

第五大神，名曰正音声。身诸毛孔，流出众水。一一水上，有五百亿华。一一华上，有二十五玉女。一一玉女身诸毛孔出一切音声，胜天魔后所有音乐。

注释

①**五戒**：即不杀生、不偷盗、不邪淫、不妄语、不饮酒。这些是佛教的基本戒条，不仅出家的佛教徒必须遵守，即使在家的教徒也应终生遵循。

译文

兜率天宫有五位大神，担当着护持之任。第一位大神名叫宝幢，他身上遍满金、银、珍珠、玛瑙等七宝。行走之时，身上七宝有如天雨，纷纷洒落在宫墙之内。还有无数宝珠，自然化成无量乐器，悬挂于空中，自动发出悦耳动听的旋律。各种各样的音乐之声，能适应众生各自不同的习惯和爱好。

第二位大神名叫华德。身上能不断散落各种美丽鲜艳的花朵，好像天上降着一场奇异的花雨。这些不停地降落的鲜花覆盖着宫墙，并化成一个由鲜花组成的宝盖。每座华盖都由百千幢幡作为前导。

第三位大神名叫香音。他全身每个毛孔都散发出阵阵檀香之味。其香味芬芳怡人，其状有如云彩，折射出百宝之色，围绕宝宫有七周之多。

第四位大神名叫喜乐。浑身能降如意宝珠，如同下雨那样。颗颗宝珠自然降落在幢幡之上，如同在演说三归五戒等无量善法，以及各种能助众生解脱生死苦海的修行方法，和有利于劝助众生发追求无上佛道之大心。

第五位大神名叫正音声。浑身毛孔中能流出微妙之水，各种水面上有五百亿鲜艳的花儿，每一朵花上有二十五位玉女。个个玉女身上毛孔中能发出各种美妙的音声，这种音声远远胜过诸天魔后所有优美的音乐。

原典

佛告优波离：此名兜率陀天十善报应胜妙福处。若我住世一小劫①中，广说一生补处菩萨报应，及十善果②者，不能穷尽。今为汝等，略而解说。

注释

①一小劫：劫为梵文音译“劫波”的简称，意为极长远的时间。据《释迦氏谱》解释，劫波意思为“大时”，是以佛教所说的世界形成和毁坏为周期进行计算的。一个劫包括有“成、住、坏、空”四个时期，包含有无数年代。劫又有大劫、中劫、小劫之分。一小劫约有八百四十万年。

②十善果：参见前“十善”条注。修习十善法所获得的果报，称为十善果。

译文

佛陀告诉尊者优波离说：以上所说，兜率陀天种种胜妙庄严，并不是自然天生，实是弥勒修持十善业，所招感的福报，才有这样殊胜微妙的天宫。若我住世一小劫中，想要广说一生补处菩萨的福报，以及修持十善业的福乐善果，也是说不尽的，现在不过为你说个大略罢了。

原典

佛告优波离：若有比丘及一切大众，不厌生死，乐生天者，爱敬无上菩提心①者，欲为弥勒作弟子者，当作是观。作是观者，应持五戒、八斋②、具足戒③，身心精进，不求断结④。修十善法，一一思惟兜率陀天上上妙快乐。作是观者，名为正观。若他观者，名为邪观。

注释

①**无上菩提心：**菩提即正觉智慧，无上菩提即无上正觉、无上智慧之心，亦即佛所具有的智慧正觉之心。

②**八斋：**亦作八戒、八斋戒，或八关斋戒。即一、不杀生，二、不偷盗，三、不邪淫，四、不妄语，五、不饮酒，六、不眠高广华丽之床，七、不装饰打扮，观听歌舞，八、不非时食（即过午不食）。其中前七条为戒，后一条为斋，合称八斋戒。佛教认为，通过守持八斋戒，能使在家信徒体验出家者的宗教生活，从而不断积累功德，坚固修行佛道之心。

③**具足戒：**是出家众守持的戒律。据《四分律》，比丘戒有二百五十条，比丘尼戒有三百四十八条。因为此戒律的戒品比较完备，因此称为具足戒。出家人只有依

律受持此戒，才算正式取得比丘（或比丘尼）资格。

④**断结**：结为烦恼的别名，断结即断除烦恼之意。

译文

佛陀又告诉尊者优波离说：假如有比丘，或者是其他一切众生，如暂时还不厌弃生死，愿乐生于天界，能够爱护敬重无上菩提之心，希望成为弥勒菩萨弟子者，应当作这样的观法：他们应当守持五戒、八关斋戒或具足戒。身心不放逸，不断精进修行，但不急于完全断除烦恼。他们应当勤修十善，一一思惟兜率陀天上各种奇妙快乐之处。如果作这样的观法修行，便叫做正观。假如是作其他的观法，那便是邪观。

原典

尔时，优波离即从座起，整衣服，头面作礼，白佛言：世尊！兜率陀天上，乃有如是极妙乐事，今此大士①，何时于阎浮提②没，生于彼天？

注释

①**大士**：即菩萨，如观世音菩萨又称为观音大士。

“士”有两种解释：一者，士即凡夫之通称，以菩萨区别于凡夫，故称“大士”，此说见《法华文句》。另一种解释认为，“士”通“事”，“大士”即运心广大，能行上求佛道，下度众生大事的菩萨，即称为大士，见《四教仪集解》。

②**阎浮提**：新译作“赡部洲”。按佛教对世界的描述，世界的中心为须弥山，围绕须弥山四周的是咸海。海中有四大洲：东方称东胜神洲，南方叫南赡部洲，西方是西牛贺洲，北方为北俱卢洲。其中南赡部洲旧译为“南阎浮提”，也就是我们现在所居住的地方。因此佛经中常说的阎浮提世界，即指我们现在众生所居住的这个世界。

译文

听到这里，优波离尊者即从座上站起，整了整衣服，以头面着地向佛陀礼敬，并对佛说：世尊！既然兜率陀天上有这样美妙欢乐的事情，那么这一位大士，将于什么时候离别我们这个阎浮提世界，往生那兜率陀天呢？

原典

佛告优波离：却后十二年，二月十五日，于波罗奈国[①]劫波利村，波婆利大婆罗门家，本所生处，结加趺坐[②]，如入灭定[③]。身紫金色，光明艳赫，如百千日，上至兜率陀天。其身舍利[④]如铸金像，不动不摇。身圆光中，有首楞严三昧[⑤]、般若波罗蜜[⑥]，字义炳然。时诸天人，寻即为起众宝妙塔，供养舍利。

注释

①**波罗奈国：**古印度国名。在中印度恒河流域中游，今印度北方邦瓦腊纳西（贝拿勒斯）地方。这儿是佛陀经常活动的地方。西北十公里处的鹿野苑，相传是释迦牟尼佛首次说法传道的地方。

②**结加趺坐：**略称跏趺，或跏趺坐。有全跏坐和半跏坐两种。“全跏坐”是以两足交叉置于左右股上，足掌上仰。“半跏坐”是以一足压在另一股上。结跏趺坐本是释迦牟尼佛的坐法，后来僧人坐禅修行也常采用。据《大智度论》解释，在各种坐法中，以结跏趺坐最为稳当，不容易疲劳，所以坐禅者多作跏趺坐式。

③**灭定：**是“灭尽定”的略称，又作“灭受想定”。佛教各种禅定中的一种。修此禅定，是为使心的思虑活动不起。这是佛教圣者所修的一种较为高级的禅定。

④**舍利：**又译作设利罗或室利罗等。本意是指人的

尸骸或身骨，佛教用以指佛的灵骨。依颜色可分为三种：白色的是“骨舍利”，黑色的是“发舍利”，赤色的是“肉舍利”。又有全身舍利和碎身舍利、法身舍利和生身舍利等区别。后世又将一些高僧去世后火化而剩的骨片，也称为“舍利”。这儿所说的舍利，当为生身舍利，即指弥勒佛灭度后，为了让人天供养，使能受到福报而留下的身骨。

⑤**首楞严三昧**：意为健行三昧、健相三昧、勇伏定等。三昧就是“定”的意思，这是佛教各种禅定中的一种。据《首楞严三昧经》说，修习此种禅定，能拥有一切神通，使各种烦恼及魔障不能破坏阻碍。而且它能统摄一切三昧禅定，故而是诸佛及十地菩萨修得的一种禅定。

⑥**般若波罗蜜**：“般若”意为智慧，是代表佛法的正觉智慧。般若波罗蜜即是“智慧度”“智慧到彼岸”之意。是大乘佛教修行的六度（六波罗蜜）之一。参见前“六波罗蜜”条的注文。

译文

佛陀告诉优波离尊者：自今以后的十二年，在二月十五日那天，弥勒菩萨将在他出生的地方，即波罗奈国劫波利村的波婆利大婆罗门家，结跏趺坐，进入灭尽定，示现灭度之相。这时他的身体将变成紫金色，浑身发出极为明亮耀眼的赫赫艳光，如同百千个太阳同时放射出强烈的光芒。然后，他便上升到兜率陀天宫。他遗留下来的身骨舍利，好像一尊黄金铸造的像，不动不摇。在其身边四周发出的光芒中，可以看到能破除各种烦恼魔障的健行三昧禅定和大智慧到彼岸的奥妙深意，字义炳然灼灼。那时，诸天神以及众生即为此身骨舍利起塔供养，其塔以各种珍宝建成。

原典

时，兜率陀天七宝台内，摩尼殿上师子床坐，忽然化生[①]，于莲华上结加趺坐。身如阎浮檀金色，长十六由旬，三十二相[②]，八十种好[③]，皆悉具足。顶上肉髻[④]，发绀琉璃色，释迦毗楞伽[⑤]摩尼，百千万亿甄叔迦宝[⑥]，以严天冠。其天宝冠，有百万亿色。一一色中，有无量百千化佛，诸化菩萨以为侍者。复有他方诸大菩萨，作十八变随意自在，住天冠中。弥勒眉间，有白毫相光[⑦]，流出众光，作百宝色。三十二相，一一相中，五百亿宝色。一一好中，亦有五百亿宝色。一一相好[⑧]，艳出八万四千光明云，与诸天子，各坐华座，昼夜六时[⑨]，常说不退转地法轮之行。经一时中，成就五百亿天子，令不退于阿耨多罗三藐三菩提。

注释

①**化生**：亦作变化生，指无所依托，因前世业力所感而出现者。佛教以六道众生的诞生分四种形态：卵生（由卵壳而生，如鸡、雀等）、胎生（从母胎生，如人、畜生）、湿生（由湿气而生，如各种爬虫）、化生（如诸天神或地狱中的受苦众生、饿鬼等）。

②**三十二相**：也作三十二大人相、三十二大丈夫相。佛教认为，佛陀生来即有许多不同于凡俗，异于常人的相貌和特征。归纳起来，比较显著的有三十二种，称为"三十二相"。另有八十种随着三十二相而有的细微特征，称为"八十种随形好""八十种好"；两种合称为"相好"。三十二相主要有这几种：头顶有肉髻隆起、眉间有白毫放光、两眼绀青、如牛眼睫、脸颊丰满如狮子、舌头柔软宽长，伸出来能够遮覆脸面、手指修长、指间有缦网如蹼状、手足柔软、足背高满、足底平实、足下有千辐轮状纹路、身材高大、肩圆膀满、皮肤金色、周身能发出一丈左右的光芒等。

③**八十种好**：即"八十种随形好"，是随三十二相而

有，更细别三十二相而成的八十种细微特征。如：眉如新月、眼睛青白分明、耳轮阔大、鼻高而不现孔、唇色红润光泽、手指圆而纤细、手纹长而不断、脐深而圆好，等等。

④**肉髻**：头顶上的肉髻隆起，是佛陀的三十二相之一。

⑤**释迦毗楞伽**：是一种宝玉的名称。《观无量寿经》中也说到极乐世界以释迦毗楞伽宝为台。

⑥**甄叔迦宝**：是一种赤色的宝石。甄叔迦本为树名，其花大如手，颜色为赤色。此宝石与此花相似，所以以此花树之名称之。

⑦**白毫相光**：眉间白毫放出光芒，为三十二相之一。参见“三十二相”注文。

⑧**相好**：即三十二相，八十种好的合称。参见前“三十二相”“八十种好”的注文。

⑨**昼夜六时**：参见前“初夜分”的注文。

译文

这时，兜率陀天七宝台内摩尼殿中的师子座上，弥勒菩萨结跏趺坐于莲花台中。他的身体有如阎浮檀金那样发出赤黄色，身长十六由旬（约为五六百里），浑身具足常人所没有的三十二种大人相及八十种随形相好。头顶上肉髻隆起，螺发呈天青色，好像绀色的琉璃，头上戴着天冠，镶着一种叫作“释迦毗楞迦”的摩尼宝珠以及百千万亿红宝石。因而他所戴的天宝冠熠熠生辉，闪烁着百千万亿道宝石的光泽。每一道色泽之中，交相辉映着无数个化佛，并有诸化身菩萨作为侍者，侍立于化佛之旁。此外，还有他方世界的各位大菩萨，他们各自显出十八种神通变化，随意自在地住在此天冠中。弥勒菩萨的眉间有白毫放出光芒，它们所闪射出的各种光泽，好像千百种珍宝所发出的奇光异彩。弥勒菩萨身上所具有的三十二种大人相中，每一种都放射出五百亿宝石之光，一一相好之中，闪映出八万四千道光彩，显得五彩缤纷。弥勒菩萨与诸天子各自坐于莲花座之上，昼夜六时，不断地演说着能使众生进入不退转地的佛法之道。每个时中，都有五百亿天子修行成就，获得能精进直向无上正等正觉而永不退转的果位。

原典

如是处兜率陀天，昼夜恒说此不退转法轮，度诸天子。阎浮提岁数五十六亿万岁，尔乃下生于阎浮提，如《弥勒下生经》说。

译文

弥勒菩萨就是这样在兜率陀天上，昼夜不停地演说此不退转修行法门，广度天界诸天子。经过我们这个阎浮提世界五十六亿万年的时光，他将再次降生于我们这个世界，就像《弥勒下生经》中所说的那样。

原典

佛告优波离：是名弥勒菩萨于阎浮提没，生兜率陀天因缘。佛灭度后，我诸弟子，若有精勤修诸功德，威仪[①]不缺，扫塔涂地，以众名香妙华供养，行众三昧[②]，深入正受，读诵经典，如是等人，应当至心[③]。虽不断结，如得六通[④]，应当系念，念佛形像，称弥勒名。如是等辈，若一念顷，受八戒斋，修诸净业[⑤]，发弘誓愿，命终之后，譬如壮士屈伸臂顷，即得往生兜率陀天。于莲华上，结加趺坐。百千天子，作天伎乐，持天曼陀罗[⑥]华、摩诃曼陀罗华，以散其上，赞言："善哉！善哉！善男子，汝于阎浮提，广修福业，来生此处，此处名兜率陀天。今此天主[⑦]名曰弥勒，汝当归依。"应声即礼，礼已，谛观眉间白毫相光，即得超越九十亿劫生死之罪。

注释

①**威仪**：即威德仪则。据《戒疏》等解释，“威”是容仪可观，“仪”是轨度格物。即指动作行为符合佛教的戒规律度，保持一定的规范，因而也是戒律的别称。例如把符合佛教戒律的行、住、坐、卧，称之为“四威仪”。此外，说比丘应具“三千威仪、六万细行”等，都是这个意思。

②**三昧**：又作“三摩地”，意为“定”，指通过一定的修行方法，使心境专注而不散乱。常与“禅”一起，合称为“禅定”。是佛教的重要修行实践之一，与戒律、智慧一起，合称为“三学”。大乘佛教又把它作为“六度”之一。三昧的种类有很多，前面所说的“首楞严三昧”，即为其中的一种，此外还有如“般舟三昧”等。

③**至心**：至诚之心，至极之心。

④**六通**：即六神通。指通过禅定、般若慧修习而得到的六种神奇力量。它们是：一、神足通：能飞天入地，随意出入于三界之间。二、天眼通：能见世间一切种种形色、六道众生的生死苦乐等。三、天耳通：能听世间种种音声，及六道众生的苦乐忧喜。四、他心通：能知众生心中所想的事情。五、宿命通：能知自身及众生前

世宿命。六、漏尽通：诸漏已尽，即除却一切烦恼惑障，解脱生死轮回。

⑤**净业**：清净善业，指符合佛教道德规范的思想、言行。

⑥**曼陀罗**：植物名。一年生草本，可入药。其花称“洋金花”“风茄花”。白色，花冠呈漏斗状，也有紫色的，产于热带和亚热带。佛经中常记载，当佛陀说法之时，“天雨曼陀罗花”。下文“摩诃曼陀罗花”，即大曼陀罗花，或为大白团花之意。

⑦**天主**：这儿即指弥勒菩萨。因弥勒上升兜率天后，即为兜率天之主，故称。

译文

佛陀告诉优波离尊者说：这就是有关弥勒菩萨在我们这个阎浮提世界灭度和往生于兜率陀天的因缘。当佛灭度以后，我的诸弟子们，如有精勤不懈，不放逸自己的身心，努力修行各种功德，平时奉守行、住、坐、卧等各种威严仪则而不缺失，经常洒扫佛塔寺院，以各种名贵之香和艳丽的鲜花供养佛、菩萨前，能努力修行各种三昧禅定，并深入其中，正确无误地信受佛陀的正法教诲，时常诵读经典。这样的人，以至诚之心进行修行，虽然一时不能完全彻底地断除所有烦恼障碍，但也能修得六种神通。他们应当心心系念，心中忆念佛的形象，口中称诵弥勒菩萨的名号。这样的人，如在一闪念的刹那之间，受了八戒斋，并修习各种清净善业，立下追求无上佛道，普度世间众生的弘大誓愿，其命终之后，就在壮士伸屈一下自己手臂那么短的时间内，便能往生到兜率陀天。在莲花台上结跏趺坐，有百千名天子奏着美妙悦耳的天乐，手中拿着美丽的曼陀罗花、大曼陀罗花等，散在此人身上，并赞叹道："善哉！善哉！善男子，你曾经在阎浮提世界广修各种善事，以此因缘而获此福报，今世投生于此。这儿叫做兜率陀天，兜率陀天主之名叫做弥勒，你应当归依他。"此人听诸天人这样说，便即礼拜弥勒菩萨，礼拜完毕，即思量洞观菩萨眉间的白毫相光，于是即得超越九十亿劫生死之罪。

原典

是时，菩萨随其宿缘，为说妙法，令其坚固，不退转于无上道心。如是等众生，若净诸业，行六事法[①]，必定无疑，当得生于兜率天上，值遇弥勒，亦随弥勒，下阎浮提，第一闻法。于未来世，值遇贤劫[②]，一切诸佛。于星宿劫[③]，亦得值遇诸佛世尊，于诸佛前，受菩提记。

注释

①**六事法**：佛教徒为成就“六度”之行而修习的六种事项。据《大乘庄严经》说此六事内容：一是供养，这是为了成就“施舍度”，若不长时供养，则施舍度不能圆满。二是应当学戒，这是为了成就“戒度”。三是应当修习悲心，这是为了成就“忍度”，若不能常以悲心忍耐各种有损自己的事情，则忍不能圆满。四是勤善，这是为了成就“精进度”，如若使心放逸，不修诸善，则不能精进。五者离喧，为了成就“禅度”，如在聚落人多处，则必多诤扰之事，会扰乱禅定的修习。六者应乐闻佛法，这是为成“智度”，如不乐闻佛法，则智慧不能成就。

②**贤劫**：“劫”为古印度的时间度量单位，意为很久远的年代。劫又分为大劫、中劫、小劫。参见前面“一小劫”之注文。在每一大劫中，又可分为成、住、坏、空四个阶段。大乘佛教又进一步提出“三世三劫”说，把过去的住劫，称为“庄严劫”；未来的住劫，称为“星宿劫”；“贤劫”是指现在的住劫。据佛经记载，“贤劫”中将有一千个佛出现于世，释迦牟尼佛就是其中的一个。

③**星宿劫**：指未来之住劫。参见前“贤劫”的注文。

译文

这时，弥勒菩萨便随其宿世因缘，为他述说微妙的佛法，令他求道之心更加坚定，对于无上觉悟道心决不产生退转之念，如此这样的众生，如果能清净自己的身、口、意诸业，为成就六度之行而经常修习供养、持戒、慈悲、勤善、离喧、闻法等，那么他必定无疑地会往生到兜率天上，得遇弥勒菩萨。并且在将来，当弥勒菩萨降生到此阎浮提世界时，他能够跟随菩萨一起来到此世界，成为最先听到弥勒菩萨说法的众生之一。在未来世，能遇到我们现在这个贤劫中的所有诸佛世尊。在将来的住劫，也就是星宿劫时，也将遇到星宿劫的诸佛世尊，在诸佛面前听闻和接受佛法。诸佛将预记此人将来必定能成无上正等正觉之果。

原典

佛告优波离：佛灭度后，比丘、比丘尼、优婆塞、优婆夷、天、龙、夜叉、乾闼婆、阿修罗、迦楼罗、紧那罗、摩睺罗伽等，是诸大众，若有得闻弥勒菩萨摩诃萨名者，闻已欢喜，恭敬礼拜，此人命终，如弹指顷，即得往生，如前无异。但得闻是弥勒名者，命终亦不堕黑暗处、边地[1]、邪见[2]、诸恶律仪[3]，恒生正见，眷属成就，不谤三宝。

注释

①边地：即边远之地，佛教用以指位于阎浮提洲周边的边隅之地。据说生于此边地之众生，一辈子都听不到佛法。此外，佛教说阿弥陀佛的净土周边也有边地，那儿的众生，五百年间不能听闻三宝之名。

②邪见：与正见相对，指不符合佛法精神的思想、见解。

③恶律仪：与善律仪相对，指不符合佛教戒律精神的律法仪则。《涅槃经》中说有十六种恶律仪。

译文

佛陀告诉优波离尊者说：当佛灭度以后，比丘、比丘尼、优婆塞、优婆夷等四众弟子，以及诸天、龙、夜叉、乾闼婆、阿修罗、迦楼罗、紧那罗、摩睺罗伽等诸护法八部众，如果有谁听到弥勒菩萨的名号，心中产生出欢欣喜悦之情，想去亲近他，恭敬和礼拜弥勒菩萨的，那么此人今生命终之后，将在弹指的刹那间即得往生弥勒菩萨的国土，就像前面所说的众生一样。只要是闻得弥勒菩萨之名者，此人命终以后，就会免于堕入没有光明的黑暗之处，不会生于没有佛法的边隅之地，不会产生与佛法精神相违背的邪见，以及不符合佛教律仪精神的律法仪则。不断产生和保持符合佛法精神的正确、真实的智慧和见解。他的眷属、部属们也能成就功德，不会诽谤佛法僧三宝。

原典

佛告优波离：若善男子、善女人，犯诸禁戒，造众恶业，闻是菩萨大悲名字，五体投地①，诚心忏悔，是诸恶业，速得清净。未来世中，诸众生等，闻是菩萨大悲名称，造立形像，香华衣服，缯盖幢幡，礼拜系念，此人命欲终时，弥勒菩萨放眉间白毫大人相光，与诸天子雨曼陀罗华，来迎此人。此人须臾即得往生，值遇弥勒，头面礼敬②，未举头顷，便得闻法，即于无上道得不退转。于未来世，得值恒河沙③等诸佛如来。

注释

①**五体投地**：以头和二肘、二膝着地顶礼。这是表示最尊敬、最虔诚的一种礼拜仪式。

②**头面礼敬**：亦作头面作礼。指以自己的头面顶礼

尊者之足，常用来表示对佛、菩萨的尊敬。

③**恒河沙**：恒河是印度的一条大河。释迦牟尼佛在世时，常在恒河一带活动，传法说教。佛经中常用“恒河沙”一词来形容数量之多，有如恒河里的沙粒那样无法计量。

译文

佛陀告诉优波离尊者说：如果有信奉佛法，经常修习善法的善男子、善女人们，于无意中犯了各种禁戒，造下了各种恶业，但是，当他听到“弥勒菩萨”这一拔苦救难、大慈大悲的菩萨名号时，如果能行五体投地之礼，礼敬弥勒菩萨，诚心诚意地忏悔自己以往所犯下的各种恶业，那么，他以往所有的罪恶便会迅速因此功德而得清除，并获得清净之业。在未来世中，诸众生等，如能听闻此菩萨拔苦救难的大慈大悲名号后，即为其造立各种塑像，并以香花供养此像，以衣服装饰此像，以各种丝绸、华盖、经幢、旗幡等物庄严佛像，经常在像前礼拜，心中系念此菩萨的形象及名号等，那么在行将临终时，弥勒菩萨眉间白毫就会放射光芒，并与兜率天的诸天子前来迎接此人。这时还会漫天花雨，降下许多曼陀罗花，落在此人身上。此人便能在须臾之间即得往生兜率净土，在兜率天，他将遇见弥勒菩萨，见到菩萨后，他便以头面作礼，顶礼弥勒菩萨。在他头还未抬起来之际，即能听闻弥勒菩萨说法，而且立即于佛法无上正等正觉之道，获永远精进而不退转的果位。此人在未来世，能够欣逢像恒河里的沙粒那样多的、数也数不清的佛陀如来。

原典

佛告优波离：汝今谛听！是弥勒菩萨，当为未来世一切众生，作大归依处①。若有归依弥勒菩萨，当知是人，于无上道，得不退转。弥勒菩萨成多陀阿伽度阿罗诃三藐三佛陀②时，如此行人，见佛光明，即得受记。

注释

①**大归依处**："归依"即归投依附的意思。众生归投依附于佛，是佛为众生之归依处。佛教认为，在未来世，弥勒菩萨降生以后，将在华林园龙华树下得道成佛，三会说法度化无量众生。所以称弥勒菩萨当为未来众生作大归依处。

②**多陀阿伽度阿罗诃三藐三佛陀**："多陀阿伽度"意为"如来""阿罗诃"是"应供"的意思，"三藐三佛

陀”为“正遍知”。这是如来十种名号中的三种。“如来”者，是说佛陀如实而来。“应供”者，是说佛陀修行功德圆满，应受人、天供养。“正遍知”者，真实而知一切之法。本经中“弥勒菩萨成多陀阿伽度阿罗诃三藐三佛陀时”之句，即为“当弥勒菩萨成佛之时”的意思。

译文

佛陀告诉优波离尊者说：你现在认真地听我说，这位弥勒菩萨，在未来世，将成为一切众生的归投依附之处。如果有谁希望归依弥勒菩萨的，那么你应当知道，此人便于无上佛法正等正觉之道，能得精进而不退转的果位。当弥勒菩萨修行成佛之时，这个归依弥勒菩萨的修行者，便能见到弥勒佛所发出的光明，便能得到弥勒佛的授记。

原典

佛告优波离：佛灭度后，四部弟子①，天龙鬼神，若有欲生兜率天者，当作是观：

系念思惟，念兜率陀天。持佛禁戒，一日至七日，思念十善，行十善道。以此功德，回向②愿生弥勒前者，当作是观。

作是观者，若见一天人，坐一莲华。若一念顷[3]，称弥勒名，此人除却千二百劫生死之罪。但闻弥勒名，合掌恭敬，此人除却五十劫生死之罪。若有礼敬弥勒者，除却百亿劫生死之罪。设不生天，未来世中，龙华菩提树[4]下，亦得值遇，发无上道心。

注释

①**四部弟子**：即“四部众”“四众弟子”。包括在家二众，即优婆塞、优婆夷；出家二众，即比丘、比丘尼；合称为四众弟子。

②**回向**：把自己所修的功德施向某个指定的标的。如将此功德作为自己修行佛道的积累，或作为善德施向众生，等等。

③**一念顷**：形容极短促的时间。据《大智度论》等说，一弹指间有六十念。另据《摩诃僧祇律》则说，二十念为一瞬，二十瞬为一弹指。其他还有各种说法。

④**龙华菩提树**：即龙华树。是弥勒佛成道之时的道树，所以称为“龙华菩提树”。据《弥勒下生经》说，弥勒菩萨将来降生在此世界，要在华林园龙华树下成道，三会说法，广度众生。此树因树枝曲张，好像龙头，并生百宝之花，所以称为龙华树。另一说法则认为此树原

本出于龙宫，为龙族所崇尚，因此称为龙华树。

译文

佛陀告诉优波离尊者说：当佛陀灭度之后，我的四众弟子们，以及天龙鬼神等护法神将，如希望往生到兜率陀天的，应当作这样的观法修行：他要排除其他杂念，一心思惟，系念兜率陀天的美好殊胜之处。他要守持佛陀制定的各种禁制戒规，在一日乃至七日之间，心中思念十善之法，并修习此十善业道。如果有人希望把自己所修的种种功德，回施转向愿生于弥勒菩萨国土，则应当作这样的观法。

他应当如同见到一位天人，坐在一座莲花座上，能于一念之间，称诵弥勒菩萨的名号，那么此人便能除却一千二百劫生死之中所犯下的各种罪业。只要听到弥勒菩萨的名号，能立即合掌致敬，对菩萨表示恭敬之心者，此人便能除去五十劫生死之中所犯下的各种罪业。如果有谁能进一步，对弥勒菩萨加以礼拜恭敬者，便能除去百亿劫生死之中所犯下的各种罪业。即使他不能生于天界，也会在未来世中，当弥勒菩萨降诞，在龙华树下修成佛道，并广演佛法、普度众生时，此人也必定能欣逢此盛会，并发无上正觉之道心。

原典

说是语时，无量大众，即从座起，顶礼佛足，礼弥勒足，绕佛① 及弥勒菩萨百千匝。未得道者，各发誓愿：我等天人八部，今于佛前，发诚实誓愿。于未来世，值遇弥勒，舍此身已，皆得上生兜率陀天。世尊记曰：汝等及未来世，修福持戒，皆当往生弥勒菩萨前，为弥勒菩萨之所摄受②。

佛告优波离：作是观者，名为正观。若他观者，名为邪观。

注释

①**绕佛：**佛教礼节之一，围绕着佛（像）右绕转圈，表示对佛的敬意。

②**摄受：**摄取、受容之意。诸佛以慈悲之心将众生摄而取之，以救度众生脱离生死苦海。

译文

当释迦牟尼佛说这些话时，法会中的无数大众便从座中起身，以头面顶礼佛足，顶礼弥勒菩萨之足，围绕着释迦牟尼佛和弥勒菩萨经行百千遍。那些尚未修成得果者，各自都发了如下的誓愿：我们这些天界和人界的有情众生，天龙八部护法诸神等，现在当于佛前立下虔诚的誓愿：我们希望在未来世中，能值遇弥勒菩萨。当我们此生命终之后，希望都能往生于兜率陀天。这时，佛陀为这些弟子及护法诸众授于记别。佛陀说：你们这些众生，一直修行诸福善业，于未来之世，都应当往生于弥勒菩萨座前，得到弥勒菩萨慈悲愿力的摄受。

佛陀告诉优波离尊者说：如能以此观法修行的，就是正确的观法。如果舍弃这样的观法，而去修其他的观法，那就是邪观。

原典

尔时，尊者阿难[①]，即从座起，叉手长跪，白佛言：世尊！善哉[②]！世尊！快说弥勒所有功德，亦记未来世修福众生所得果报，我今随喜[③]。唯然[④]世尊！此法之要，云何受持？当何名此经？

佛告阿难：汝持佛语，慎勿忘失。为未来世，开生天路，示菩提相，莫断佛种。此经名《弥勒菩萨般涅槃》，亦名《观弥勒菩萨上生兜率陀天》，劝发菩提心，如是受持。

佛说是语时，他方来会十万菩萨，得首楞严三昧。八万亿诸天，发菩提心，皆愿随从弥勒下生。佛说是语时，四部弟子、天龙八部，闻佛所说，皆大欢喜，礼佛而退。

注释

①**阿难：** 又叫“阿难陀”，意为“庆喜”。释迦牟尼佛的堂弟，在释迦诸兄弟之中，他的年纪最小。后随释迦牟尼佛出家，成为佛的十大弟子之一，长期伴随释迦牟尼佛。他强记博闻，以记忆力著称，在十大弟子中被称为“多闻第一”。释迦牟尼佛入灭后，阿难与摩诃迦叶一起，长期领导和维持着教团的生存和发展。相传佛诸弟子第一次聚集在一起，会诵和整理佛的教法时，就是由阿难诵出佛陀平时所说之法，从而构成佛教经典“三藏”中的“经藏”。

②**善哉：** 佛经中常用的赞叹之词，表示一种喜悦和欢欣的赞美之情。

③**随喜：** 随者随顺，喜者喜悦。随着他人的善业功德而生起欢乐喜悦之心，就称为随喜。有时也作随自己的喜悦之心，如在寺院布施香资等，往往有“随喜功德”之说，即为随己所喜而布施之意。

④**唯然**：佛经中常用的语气词，表示肯定、强调的语气。

译文

这时，佛陀的十大弟子之一，在众弟子中被誉为“多闻第一”的阿难尊者，即从座中起身，双手合掌，长跪于地，对佛陀说：世尊！善哉！世尊！今天很舒畅地宣说了弥勒菩萨所有的功德，也预记了修习各种福善之业的众生在未来世将获得的果报，我今应当随顺而起欢悦喜乐之心。世尊！今天所说之法的精要，应当如何受持？今天所说之经，应当叫做什么经？

佛陀告诉阿难尊者说：你要牢记我今天所说之法，谨慎记忆，不要忘失，以便在未来也为众生广开生天之路，显示无上智慧菩提之相，不要使佛法的种子遭到断灭。我今天所说的这一部经，名叫《弥勒菩萨般涅槃经》，也称作《观弥勒菩萨上生兜率陀天经》。你要劝谕众生发无上菩提之大心，按经中所说的去修行。

当佛陀宣说这些话语时，由他方世界来此参加盛会的十万菩萨，已获得了健行勇猛的三昧禅定。另有八万亿诸天，听了佛所说的经后，都发下追求无上佛道的大心愿，都愿在将来世，追随弥勒菩萨下生于此世界。当佛陀说完了这些话后，佛陀的四众弟子、天龙八部、护法诸神等，因听了佛所说之法，都生欢喜之心，向佛作礼，各自散去。

2 佛说观弥勒菩萨下生经

原典

佛说观弥勒菩萨下生经　　西晋[①]月氏[②]三藏[③]竺法护[④]译

闻如是[⑤]：

一时，佛在舍卫国，祇树给孤独园，与大比丘众千五百人俱。尔时，阿难偏袒右臂[⑥]，右膝着地，白世尊言：

如来[⑦]玄鉴[⑧]，无事不察。当来、过去、现在三世，皆悉明了。过去诸佛[⑨]，姓字名号，弟子菩萨，翼从多少，皆悉知之。一劫百劫，若无数劫，皆悉观察。亦复知国王、大臣、人民姓字，悉能分别。如今现在，国界若干，亦复明了。

将来久远，弥勒出现，至真等正觉，欲闻其变。弟子翼从，佛境丰乐，为经几时。

注释

①**西晋**：中国古代皇朝名，始建于公元二六五年；此年晋王司马炎代魏称帝，并建都洛阳，国号为晋，史称西晋。公元二八〇年，西晋灭江南的吴国，统一全国。公元三一一年，匈奴贵族刘曜率领在成汉军队攻破洛阳，晋怀帝被俘。公元三一三年，晋愍帝在长安（即今陕西省西安市）即位。公元三一六年长安被攻占，愍帝被俘，不久被杀，西晋灭亡，前后经历五十二年，凡四帝。西晋时，佛教开始在民间流传，凉州和长安渐渐成了佛经翻译中心，并出现了一批佛经翻译家，如竺叔兰、无罗叉、法立、支法度等，竺法护则是当时最杰出并最有代表性的一位。

②**月氏**：又作月支，本为我国敦煌、祁连山一带游牧民族的名称。因遭匈奴的攻击，一部分人往西迁居于中亚阿姆河流域一带，并在那儿建立了国家，史称大月氏。大月氏因与印度相邻，故很早就接受了佛教文化的熏习。大约在公元一世纪左右，大月氏的贵霜王朝统治了整个西北印度。贵霜王朝的迦腻色迦王大力扶持佛教的发展，在他统治之下，曾举行了佛教史上第四次经典

的结集。除了部派佛教以外，大乘佛教的中观学派也在此时开始发展起来。此外，贵霜王朝的佛教艺术，吸收了古代希腊雕塑艺术的技艺和风格，有着明显的时代特征，在艺术发展史上也占有重要地位。大月氏的佛教，对中国初期佛教的发展起着重要的作用，最初来华传译佛典的僧人，有许多就是来自大月氏。

③三藏：“藏”本来的意思是盛放东西的竹筐。佛教借以作为全部佛教经典的统称，如“藏经”“大藏经”等。“阅藏”就是指阅读佛教经典。全部佛教经典又可分为经藏、律藏、论藏三个部分，所以又称为“三藏”。在佛教史上，能通晓经、律、论三藏的僧人，被尊称为“三藏法师”。这儿的“三藏”，就是“三藏法师”的略称。

④竺法护：音译为“昙摩罗刹”，是中国佛教史上著名的佛经翻译家，西晋时僧人。据《出三藏记集》等资料记载，他的祖籍是月氏人，故本姓支，因世居敦煌，所以被人称作“敦煌菩萨”。他八岁出家，拜外国沙门竺高座为师，因而随当时的习俗而改姓竺。他曾随师游历西域诸国，学得各国语言文字，回来后又带回大量梵语佛典。自西晋武帝泰始二年（公元二六六年）到愍帝建兴元年（公元三一三年），共译出《正法华经》《光赞般若经》《渐备一切智德经》《普曜经》和《弥勒成佛经》

（即《弥勒下生经》）等一百五十余部（据《出三藏记集》）。西晋末年，战乱迭起，竺法护为避乱东下，据说最后终于河南渑池。竺法护所译佛典，大部分属大乘佛教经典。他的译经对佛教在社会上的普及起了较大作用，因而有人评价说：佛教经典之所以能在中华大地上广泛流传，是由于竺法护的大力推广的缘故。

⑤**闻如是**：又作“如是我闻”，意思是“我听说是这样的”，这是佛经开首用语。现存佛经，并非释迦牟尼佛在世时写成。相传释迦牟尼佛灭度以后，弟子们集合，由阿难诵出佛陀平时所说之经教，因此诸经起始多有“如是我闻”，或“闻如是”这样的话，以表示经中所说之事，都是从佛陀那儿听说的，以后相沿成习，成为佛经开头的开场白。

⑥**偏袒右臂**：略称偏袒。古印度时比丘及现在南传僧侣所穿袈裟，右臂偏露于外，称为偏袒右臂，这是表示对尊者敬仰之意。

⑦**如来**：“如”是真如（佛法真理），如实之道的意思。如来者，就是“乘如实之道而来”的意思。这是佛陀的十种尊号之一，以表示佛是循着如实、绝对的真理而来到我们这个世界，又循此真如之道而达到无上正等正觉的意思。

⑧**玄鉴**：深刻的洞察、鉴别能力和高超的见解。

⑨**过去诸佛**：指过去时出现于世而证得佛果的诸佛。佛教认为，过去、现在、未来三世十方，都有诸佛出现于世，各自教化自己的世界。

译文

我是这样听说的：那时，佛陀在舍卫国的祇树给孤独园中，与诸大比丘一千五百人在一起。这时，佛陀的侍者弟子阿难尊者披着袈裟，右肩袒露，以右膝着地，单腿下跪，对佛陀说：

佛陀啊！您具有玄妙深刻的洞察力和鉴别力，宇宙间没有什么事情是您不知晓、不察觉的。对于未来世将要出现的、过去世曾经发生过的，以及现在世正在发展演变着的各种各样事情，您都能洞悉明白。对过去世曾经出现的诸佛，他们的姓氏名号，他们的弟子，追随他们的许多大大小小菩萨的情况，以及随侍于过去诸佛前后的随从多少等，这些您都知道得清清楚楚。在漫长久远的岁月里，比如，在一劫，或一百劫，或无数劫之中所发生的任何事情，您都了如指掌。而且您还善于辨别各国的国情，如国王是否贤明，大臣是否忠心，为政是否清廉，人民百姓是否安居乐业，以及他们的姓氏名号等各种情况，您都一清二楚。此外，他们的国家正在发生什么事情，他们的国界疆土有多少等，您也都清楚明了。

我们现在很想知道，在那遥远的未来，当弥勒菩萨降生到我们这个世界上之后，一直到他修行得成无上正等正觉，获得佛果，在这段时间中所发生的种种事情，及这些事情的发展演变。还有，他的弟子，随从胁侍的情况，以及弥勒佛住世，将有多长时间等，所有这一切，我们都很想知道，请您给我们讲述一下吧。

原典

佛告阿难：汝还就坐，听我所说，弥勒出现，国土丰乐，弟子多少。善思念之，执在心怀。

是时，阿难从佛受教，即还就坐。

尔时，世尊告阿难曰：将来久远，于此国界，当有城郭，名曰鸡头。东西十二由旬，南北七由旬。土地丰熟，人民炽盛①，街巷成行。尔时城中，有龙王名曰水光。夜雨香泽②，昼则清和。是时，鸡头城中有罗刹鬼③，名曰叶华，所行顺法，不违正教。每伺人民寝寐之后，除去秽恶，诸不净者，又以香汁而洒其地，极为香净。

注释

①**炽盛**：本来意思是指火势猛烈，焰火熊熊；引申为繁盛之意。《汉书·匈奴传》有："初，北边自匈奴以来，数世不见烟火之警，人民炽盛，牛马布野。"

②**香泽**：芬芳香馥的雨露；泽者雨露之意。

③**罗刹鬼**：古代印度神话中恶鬼的统称，相传罗刹鬼常化作各种形相，食人血肉，残害人命。据说男的罗刹身体黑色，头发赤红，眼睛发亮，极为可怖；罗刹女则为绝美妇人。

译文

佛陀告诉阿难尊者说：阿难啊！你快起来，回到你的座位上去坐下吧！听我告诉你们，关于弥勒佛将来出现在此世界之时，他的国土丰乐的情况，以及他有多少弟子等。你们好好地听着，牢牢地记住，并经常忆念我对你们说的话，将这些话牢记在心底。

这时，阿难尊者顺从佛的言教，即从地上站起来，回到了自己的座位上。

佛陀告诉阿难尊者说：在很远很远的将来，在我们现在所住的这个地方，将会出现一座城市。这座城市的名称，叫做鸡头。鸡头城东西长十二由旬（约合四百多里），南北长七由旬（约合二百多里）。这个国家的土地肥沃，物产丰盛，人口众多。大街小巷，车水马龙。守护这个城市的一个龙王，叫做水光，每天夜里，他都以香泽为雨，洒向城里，因而一到白天，空气芬芳，清馨宜人，使城中百姓心情自然平和宁静。这时，鸡头城中，有一个名叫叶华的罗刹鬼，他不像一般的罗刹鬼那样狰狞可怖，所行的各种事情，也都是随顺佛法，符合佛教的精神，从不违背佛法正教而自行其是。每当夜深人静，城中百姓上床酣睡之后，他就出现在城中，为百姓除去各种污秽和不净之物，又以芳香之水洒扫地面，使地面显得干净整洁而又香气扑鼻。

原典

阿难！当尔之时，阎浮提地，东西南北，十万由旬。诸山河石壁，皆自消灭。四大海水，各据一方。时阎浮地，极为平整，如镜清明。举阎浮地内，谷食丰贱，人民炽盛，多诸珍宝。诸村聚落，鸡鸣相接。

是时，弊华果树枯竭，秽恶亦自消灭。其余甘美果树，香气殊好者，皆生于地。

译文

阿难啊！我们现在所居住的这个阎浮提世界，到了那个时候，土地疆域宽广，东西南北各有十万由旬（约合三四百万里）。地面上所有山川河流，悬崖峭壁，都将自动消失。阎浮提世界的四周，四大海水各分布一方，海面风平浪静。那时大地，极为平整，好像是用明镜铺成，光亮而又平滑。整个阎浮提境内，丰衣足食，百姓安居乐业，人口众多，一幅丰实景象。各种珍宝，随手可得。各村庄聚落，依次相连，村镇之间，互相可以听到鸡鸣之声。

那时，世界上绝没有残花败枝和行将枯萎的树木花草，各种污秽不净之物也会自动消失。地上到处长着果树，各种鲜美香甜的水果挂满了枝头，遍地都是散发着沁人心脾而且芳香的花草。

原典

尔时，时气和适，四时顺节。人身之中，无有百八之患[①]。贪欲、嗔恚、愚痴，不大殷勤。人心均平，皆同一意，相见欢悦，善言相向。言辞一类，无有差别。如彼郁单越[②]人而无有异。

注释

①百八之患：即“百八烦恼”，或称“百八结业”。佛教认为，有情众生因不明佛法真理，故对世事产生种种错误的见解和迷惑，统称为烦恼。人生的烦恼有很多，大致说来可以分为一百零八种，故称为“百八烦恼”。由于这些烦恼会使众生造作种种恶业，导致各种恶果，所以叫做“百八之患”。

②郁单越：又作郁多罗拘罗楼、郁多罗究琉，新译作俱卢、北俱卢等，北方大洲之名。佛教以须弥山为世界之中心，须弥山周围是咸海，海中有四洲，即东胜神洲、南赡部洲、西牛贺洲、北俱卢洲（参见“阎浮提”条注文）。郁单越“俱卢”为梵文音译，汉语意为“上胜”。据说生活在此洲的众生，更胜于居住在其他三洲的众生，居住在此洲的众生经常享受各种欢乐，他们的寿命都在千岁以上，衣食自然富足，所以称为上胜。

译文

那时，气候舒适宜人，一年四季温暖和顺。众生也没有种种烦恼和错误的知识见解，而这些烦恼和错误见解，往往是因为不明佛法教理而产生的。没有贪欲、嗔恚、愚痴等导致众生恶业，产生种种恶果的根本烦恼。那时的众生，人心平和，心齐意合，人们见面时都和颜悦色，言谈举止温文尔雅，和声细语，善言相向。那时的人，都用同一种语言和共同的词汇，没有什么区别，因此互相之间都能听懂，就好像那生活于郁单越洲的众生一样。

原典

是时，阎浮地内，人民大小，皆同一响，无有若干差别异也。彼时，男女之类，意欲大小便时，地自然开，事讫之后，地复还合。尔时，阎浮地内，自然生粳米，亦无皮裹，极为香美，食无患苦。所谓金、银、珍宝、砗磲[1]、玛瑙、珍珠、琥珀，各散在地，无人省录。

是时，人民手执此宝，自相谓言:“昔者之人，由此宝故，更相伤害，系闭在狱，受无数苦恼。如今此宝，与瓦石同流，无人守护。”

注释

①**砗磲：**本是热带海域中的一种海生动物，壳大而厚，略呈三角形，肉可供食用。外壳通常为白色或浅黄色，外套膜缘呈黄、绿、青、紫等色彩，极美丽。大的

可达一米左右，古代与珊瑚、琥珀、玛瑙等一起，都被视为珍宝。

译文

那时，生活于阎浮提世界的人民，形体大小都差不多，没有很大的区别。男女众生，要想大小便时，大地会自然裂开，等诸事完毕，又重新合拢，与原先没有什么两样。其时，我们这个阎浮提世界，大地上自然生长着香糯可口的粳米，这种粳米没有粗糙的谷皮包裹，吃在嘴里，清香满口，使人精神爽朗。那个时候，地上到处撒满了金、银、珍宝、砗磲、玛瑙、珍珠、琥珀等各种珠宝，这些被我们现在的人视为无比珍贵的宝物，那时却随便撒在地上，没人理会。他们还常常手中拿着这些东西，互相之间议论说："过去的人们，为了争夺这些东西，不顾一切，甚至相互残害，有人因此而被监禁在狱中，忍受着无尽的痛苦和煎熬。如今，这些东西在我们看来，却如同瓦石，无人稀罕，也没有人想要看管和保护这些东西。"

原典

尔时，法王出现，名曰儴佉。正法[1]治化，七宝成就[2]。所谓七宝者：金轮宝、象宝、马宝、珠宝、玉女宝、典兵宝、守藏宝，是谓七宝。镇此阎浮地内，不以刀仗，自然靡伏。

注释

①**正法**：真正之道法，符合佛教真理之法，称为正法。在佛教看来，佛法就是正法。

②**七宝成就**：这儿的“七宝”是指轮宝、象宝、马宝、珠宝、玉女宝、典兵宝、守藏宝这七种宝物。佛教相传，当“圣王”应世之时，便能自天感得“轮宝”(轮是古代印度的一种兵器)，圣王转此轮宝而降伏四方，故而称为“转轮圣王”。转轮圣王能飞行于空中，当其统治世界时，四海晏服，天下太平，于是天下七宝就涌现于世，此即称为七宝成就。

译文

那时将有位顺应佛教教法的英明君王出现于世，此王名叫儴佉。他以佛教正法治理世界，天下顺服，四海升平。于是转轮圣王所应拥有的七种宝物，也就自然出现于世。这七种宝物就是所谓的金轮宝、白象宝、绀马宝、明月珠宝、玉女宝、典兵宝、守藏宝。有此七种宝物镇守，阎浮提内四海晏平，不需刀杖相加而天下自然归服。

原典

如今阿难！四珍之藏[①]。乾陀越国，伊罗钵宝藏。多诸珍宝异物，不可称计。第二弥提罗国，般绸大藏，亦多珍宝。第三须赖吒大国，有大宝藏，亦多珍宝。第四波罗奈国，儴佉大宝藏，亦多诸珍宝，不可称计。此四大藏自然应现，诸守藏人各来白王，唯愿大王，以此宝藏之物，惠施贫穷。

尔时，儴佉大王得此宝已，亦复不省录之，竟无财物之想。

注释

①**四珍之藏：**又称“四大宝藏”“四伏藏”等。指弥勒当来降世之时，地上出现的四个大的珍宝库藏。即下文所说的乾陀越国的伊罗钵宝藏、弥提罗国的般绸大藏、须赖吒国的宾伽罗大藏、波罗奈国的儴佉大宝藏。另据鸠摩罗什译《弥勒当来成佛经》说，此四大藏纵广千由旬，其中装满各种珍奇异宝，每一个宝藏都有四亿个小藏围绕，自然涌出，形如莲花，并有四大龙王守护

着，等等。四大宝藏分布在四个国家中，其中“乾陀越”国又作“犍陀罗”“健驮逻”等，在古印度西北部，印度河流域上游一带，今巴基斯坦北部白夏瓦附近。相传阿育王时期，就曾有佛教僧人来此说法传教。到贵霜王朝时期，这儿成了一个佛教文化的中心。其融会希腊、罗马艺术精华而形成的犍陀罗佛教艺术，在世界佛教艺术史上有着重要的地位。唐代著名高僧玄奘大师在其所著的《大唐西域记》卷三中，记北印度“呾叉始罗国”境内医罗钵旦逻龙池东南三十余里，有无忧王（即阿育王）所建之窣堵波（塔），此即为伊罗钵大藏出现之处。其余三处，弥提罗和波罗奈在中印度，须赖吒在西印度（一说即为南印度之羯陵伽国）。

译文

阿难啊！那时还有四大珍宝库藏要涌现于世间。这四大珍宝库藏，第一是乾陀越国的伊罗钵宝库。这一宝库由伊罗钵龙王守护，库中藏满了各种各样的珍奇异宝，数量多得无法计算。第二个宝库就是弥提罗国的般绸大宝库。第三个宝库是须赖吒国的宾伽罗大藏。第四个是波罗奈国的儴佉大宝藏。它们都和乾陀越国的伊罗钵宝库一样，里面充满了各种各样的珍宝，数量多得无法计算。在弥勒当来降生之时，此四大珍宝库藏自然涌现于世，守护此四大珍宝库藏的众生，纷纷来到转轮圣王前，告诉这位圣王，唯愿大王以此四大宝藏中珍藏的无尽宝物惠施天下贫穷百姓，使他们解脱贫困，得到幸福。

这位转轮圣王虽然获得了四大宝库中珍藏的巨大的财富，却并没有欣喜若狂，甚至并不看重那些所谓的稀世之宝，一点也没有那种贪得无厌地追求财富、渴望无穷无尽地搜得更多财物的贪婪欲念。

原典

时，阎浮地内，自然树上生衣，极细柔软，人取诸之。如今郁单越人，自然树上生衣而无有异。

译文

那时，我们所居住的这个阎浮提世界中，树上自然而然地生长着一种能当作衣物的东西，这些类似衣物的东西，质地极其细滑柔软。人们把这些东西取下来，直接作为衣服穿在身上。就好像现在生活于郁单越洲的人那样，他们那儿的树上自然生长着衣物，取下来就能穿在身上。

原典

尔时，彼王有大臣，名曰修梵摩。是王少小同好，王甚爱敬。又且颜貌端正，不长不短，不肥不瘦，不白不黑，不老不少。是时，修梵摩有妻，名梵摩越，玉女中最极殊妙，如天帝妃。口作优钵罗华[①]香，身作栴檀香。诸妇人八十四态，永无复有，亦无疾病乱想之念。尔时，弥勒菩萨于兜率天，观察父母，不老不少，便降神下应，从右胁生[②]，如我今日右胁生无异。弥勒菩萨亦复如是。

兜率诸天各各唱令："弥勒菩萨已降神生。"

注释

①**优钵罗华**：即青莲花。

②**右胁生**：按照佛教所说，诸佛降生之时，都是从母体右胁而生。如释迦牟尼佛降诞"蓝毗尼园"，也是从摩耶夫人右胁而生，因此下文有"如我今日，右胁而生无异"之句。

译文

在那个时候，这位转轮圣王属下有一个名叫修梵摩的大臣，他是大王自幼莫逆相交的好友，大王非常喜欢他，也很敬重他。修梵摩大臣长得容貌端正，相貌堂堂，一表人材。身材也非常匀称，不高不矮，不胖不瘦，恰到好处。肤色既不显得苍白，看起来也不觉得黝黑。既不令人感到过于老成，也不使人觉得太年轻而没有经验。这位修梵摩大臣娶了一位年轻漂亮的妻子，名叫梵摩越。她的容貌美丽娇艳，体态婀娜多姿，有如天女下凡。国中所有青年女子中，梵摩越的姿色最为端丽美貌。她说话时飘着阵阵青莲花香，浑身散发着栴檀香的幽幽芬芳。梵摩越身上没有其他青年妇女身上经常会有的种种细微瑕疵，她身体健康，绝没有任何疾病；头脑清晰，也不会胡思乱想。那个时候，弥勒菩萨在兜率天上，观察到他的父母身体健壮，年龄适中，正值青壮年之际，于是便从兜率天上降生于世，从其母梵摩越的右胁而生。就像我当年在蓝毗尼园降诞时，从我母亲的右胁而生那样，弥勒菩萨的降诞，也是如此，一般无异。

生活于兜率天上的诸天，看到弥勒菩萨已经降生，便各各唱诵道："弥勒菩萨已经降生了！"

原典

是时，修梵摩即与子立字，名曰弥勒。弥勒菩萨有三十二相、八十种好，庄严其身，身黄金色。

尔时，人寿极长，无有诸患，皆寿八万四千岁。女人五百岁，然后出适[①]。尔时，弥勒在家，未经几时，便当出家学道。

注释

①出适： 古代女子出嫁，称为“适人”，“出适”即出嫁之意。

译文

这时，修梵摩喜获麟儿，即为他儿子起名叫作弥勒。下生于阎浮提世界的弥勒菩萨，身体呈现着黄金一般的色泽，浑身上下具有常人所无的三十二种大人相，以及八十种随形好。这些凡人所没有的形象特征，更加增添了菩萨身相庄严美好的感觉。

那时的人民，寿命很长，一生中绝没有任何疾病缠身，他们的寿命都可达到八万四千岁。女孩子们从生出来以后，一直要到五百岁才出嫁。开始，年轻的弥勒尚未出家，但没经过多少时候，他便决定出家学道。

原典

尔时，去鸡头城不远，有道树，名曰“龙华”。高一由旬，广五百步。时，弥勒菩萨，坐彼树下成无上道果。

当其夜半，弥勒出家，即其夜分，成无上道。应时，三千大千刹土①，六反震动②。地神各各而相告曰：“今弥勒已成佛道！”其声转至闻四天王宫③。

“弥勒已成佛道！”转闻彻于三十三天④，焰摩天、兜率陀天、化乐天、他化化自在天乃至梵天⑤。

注释

①**三千大千刹土**：“刹土”即国土、世界之意。“三千大千刹土”即“三千大千世界”。据佛教说，一个世界中，以须弥山为中心。须弥山四周为大海，海中有四大洲，大海之外有铁围山围绕。如此由同一日月所照的范围，为一“小世界”，合一千“小世界”即为一“小千世界”。由一千个“小千世界”组成一个“中千世界”，一千个“中千世界”组成一个“大千世界”。由于一个“大千世界”中包括有大、中、小三种“千世界”，所以称为“三千大千世界”。

②**六反震动**：即六种震动，有多种解说。一说为

“动六时”，即佛陀的入胎、出胎、出家、成道、说法、涅槃之时，大地发生的震动。另一种说法是动六方，即按《大品般若经》说，佛世尊在入“师子游戏三昧”时，以神通力感得三千大千国土发生六种震动：东涌西没、西涌东没、南涌北没、北涌南没、边涌中没、中涌边没。

③四天王宫：“四天王”即东方持国天王、南方增长天王、西方广目天王、北方多闻天王。他们是帝释天的部属，各自率领自己的下属，守护四方天下。其中东方天王梵名“提多罗吒”，率领毗舍遮鬼（癫狂鬼）、乾闼婆（香阴）神将，守护东方东胜神洲。南方增长天王梵“毗流驮迦”，率领鸠槃茶（瘫形鬼）、薜荔鬼（饿鬼）等，守护南方阎浮提洲。西方广目天王梵名“毗留博叉”，率领诸龙以及富单那（臭饿鬼），守护西方西牛贺洲。北方多闻天王梵名“毗沙门”，率领夜叉、罗刹等，守护北方郁单越洲。在佛教中，他们是佛法的护法天王，他们所居之处即四天王天，是欲界六天中最初的一层。他们所居的宫殿，据《长阿含经》中说，有七重宝城栏楯、七重罗网、七重行树、七重诸宝铃，以及无数众鸟相和而鸣。

④三十三天：又名“忉利天”，为欲界六天之第二层。欲界六天即为四天王天、忉利天、焰摩天、兜率天、

化乐天、他化自在天。忉利天在四天王天之上，焰摩天之下。相传须弥山顶中央为帝释天，四方各有八天，合为三十三天。

⑤**梵天**：梵天为色界初禅诸天。按佛教说法，世俗世界可分为欲界、色界、无色界三部分。其中欲界为具有食、色之欲的众生所居。色界在欲界之上，为已离食、色欲的众生所居。色界众生均为诸天众，又可分为初禅天、二禅天、三禅天、四禅天等。其中初禅天包括梵众天、梵辅天及大梵天，统称为"梵天"。有时也常以梵天专指大梵天。"梵"者清净之意，因居住于此的诸天众已离欲界之欲，寂静清净，故称。

译文

那个时候，离鸡头城不远之处，有一棵被称作"龙华树"的大树，高达一由旬（约合三十多华里），树冠延伸，覆盖面积竟有五百步那么宽广。弥勒菩萨，就是在这棵龙华树下修行而成无上之道，获得佛果的。

那一天，正当子夜时分，弥勒菩萨离开了他出生的家，开始修习佛道。一天半夜时分，他终于功行圆满，成就了无上佛道之果。就在弥勒菩萨功德圆满，成就无上佛道的那一刹那，整个宇宙，三千大千世界中一切佛刹国土，发生了强烈的震动。所有大地之神，都各各奔走相告：“现在，弥勒菩萨已经修成佛道啦!”他们的欢呼声音，辗转直上，一直传到四天王宫。

“弥勒菩萨已经功德圆满修成佛道啦!”欢呼之声穿过四天王天，透过三十三天，直冲云霄。三界中的欲界诸天，如焰摩天、兜率天、化乐天、他化自在天，乃至于梵天，都听到了这一充满喜悦的欢呼之声。

原典

“弥勒已成佛道!”尔时，魔王名曰大将。以法治化，闻如来名，音响之声，欢喜踊跃，不能自胜。七日七夜，不眠不寐。是时，魔王将①欲界无数人天，至弥勒佛所，恭敬礼拜。弥勒圣尊与诸人天，渐渐说法，微妙之论。所谓论者：施论、戒论、生天之论、欲不净想②，出要③为妙。

注释

①将：带领、率领之意。

②欲不净想：关于欲望是不净的想法和观念。所谓欲望，是爱乐希求之意。佛教认为众生所有一切痛苦，都是因为有了欲望的缘故，因为欲望被看作是清净修行

的障碍，所以以欲为不净。

③**出要**：即出离生死之要道的意思。

译文

“弥勒菩萨已经修成佛道啦！”那时，有一位名叫大将的魔王，平时能以佛陀的正法教化治理众生，当他听到有关弥勒成佛的欢呼声后，心中万分激动，情不自禁地欢喜踊跃，手舞足蹈，七日七夜之中不眠不寐。紧接着，他便带领居住在欲界之中的无数人天众生，来到弥勒佛所居之处，恭敬地进行礼拜。已经修成佛道正果的弥勒圣者，对前来礼拜的各位人天众生，深入浅出地谈论着佛法的微妙教理。这些微妙的教理，就是有关布施功德的理论、有关持戒修行功德的理论、关于众生如何才能在将来生于天界的理论、关于人的欲望是不净的想法和观念，以及关于如何才能出离生死、超脱轮回的方法。

原典

尔时，弥勒见诸人民，已发心欢喜。诸佛世尊常所说法：苦、集、尽、道①，与诸天人，广分别其义。尔时，座上八万四千天子诸尘垢②尽，得法眼净③。

尔时，大将魔王告彼界人民之类曰："汝等速出家！所以然者，弥勒今日已度彼岸[4]，亦当度汝等，使至彼岸。"

注释

①苦集尽道：即苦、集、灭、道，也称为"四谛"，或"四圣谛"。"谛"的意思就是真理，四谛就是四条根本的真理之意，这是佛教的基本教义。"苦"指人生由于生、老、病、死，以及因为对种种欲望追求的失败，所以充满了痛苦和烦恼。"苦"有很多种，大致可分为四苦、八苦等。"集"是指造成人生痛苦的原因，佛家认为众生本身无始以来的愚昧、迷惑，不懂佛教所说的世界真理，这是造成痛苦的根本原因；如果掌握了佛法，能按照佛教教义去修行实践，就能脱离苦海，达到不生不灭、永恒寂静的境界，这就是"灭"（尽）。至于如何修行呢？这就是"道"，大体而言，有"八正道""三十七道品"等。"四谛"被佛家认为是最根本的真理。相传释迦牟尼佛成道以后，初次说法，在鹿野苑对五比丘说的就是四谛教义，后来他又在各种场合多次演说四谛之法。

②尘垢：即"烦恼"的通称。佛教以各种烦恼能障碍众生修行，使清净的真如本心受到染污，好像明镜受

到尘土污垢的遮蔽，所以用“尘垢”来比喻烦恼。

③**法眼净**：即清净法眼，指众生修行到了一定程度，已初步理解和掌握了佛法真理，所以称为“法眼净”。

④**彼岸**：是相对于“此岸”而言。佛教以生死为一大苦海，海的这边即为现实的生死之界，有情众生都在这生死界中流转轮回，此去彼来，这是“此岸世界”；如果渡过生死苦海，就能脱离轮回，到达没有生灭变化，永恒寂静的涅槃境界，这就是“彼岸世界”。

译文

当弥勒佛说完这些佛法微妙之论后，即以无比智慧的洞察力，观察到与会的许多人天众生已经初步领会了这些教理，对佛法产生了欢喜悦闻之心，同时已经发心，希望追求和实践佛法之道。于是，他又进一步开始对众人详细分析解说关于“苦、集、灭、道”，这些被称为四圣谛的佛法基本教义，这些教义是诸佛世尊经常为世人讲说的。这时，在座参与此盛会的有八万四千诸天界天子，他们听闻弥勒佛说法后，顿时除去各种有碍修行、而且使本来清净无染的真如本心受到染污的烦恼尘垢，他们达到初步了解和掌握佛法真理，即法眼净的果位。

这时，那位叫做大将的魔王向那些在他管辖境内的民众宣告说："你们这些有情众生们，赶快去出家修习佛法吧！我之所以这样劝告你们，是因为就在现在，弥勒菩萨已经修成正果，渡过了生死苦海，到达了永恒寂静的涅槃彼岸。而且，他将要救度你们这些沉沦在生死苦海之中的有情众生，使你们也能脱离苦海，到达涅槃寂静的彼岸世界。"

原典

尔时，鸡头城中有一长者，名曰善财。闻魔王教令，又闻佛音响，将八万四千众，至弥勒佛所，头面礼足，在一面坐。

尔时，弥勒渐为说法，微妙之论。所谓论者：施论、戒论、生天之论、欲不净想，出要为妙。尔时，弥勒见诸人民，心开意解，如诸佛世尊，常所说法：苦、集、灭、道，为诸天人广分别其义。尔时，座上八万四千人，诸尘垢尽，得法眼净。

是时，善财与八万四千人等，即前白佛，求索出家善修梵行[①]，尽成罗汉[②]道果。尔时，弥勒初会，八万四千人得阿罗汉。

注释

①**梵行**：“梵”是清净之意；清净而无欲之行，称之为“梵行”。此外，大乘佛教的菩萨所修的利他之行，能对治一切不善之法，远离诸过，使心得宁静，因此也称为梵行。

②**罗汉**：全称为阿罗汉，或作阿罗诃。意为杀贼、应供、不生等意思。“杀贼”即杀一切烦恼之贼。佛教把众生因无明、迷妄而引起的各种烦恼、疑惑、痴迷等，都称为心中之“贼”，认为这些心理活动是扰乱人们内心清净、妨碍修行的有害情感。而阿罗汉已断尽了这些所谓“心中之贼”，因此称为“杀贼”。“应供”则是说阿罗汉已经断灭了一切能导致生死流转的“有漏法”，身心清净，应受人天供养。“不生”是说到了阿罗汉果位，已经断尽了三界烦恼，灭除了见惑和思惑，因而脱离了生死轮回，不再投生。

译文

那时，鸡头城中有一位受到众人尊敬的长者，名字叫做善财。听了大将魔王的宣告，又听到了弥勒佛说法的声音，便带领了八万四千众生，来到了弥勒佛所在之处。他们以头面着地，礼敬佛足，向佛表示最虔诚的敬意。礼拜完毕，即在佛的一边坐下。

这时弥勒佛就为他们演说微妙的佛法教理，一开始讲的也是那些关于布施功德，关于如何持戒修行，如何修行才能得生天界，关于人的欲望是不净的念头，以及如何才能出离生死苦海，解脱轮回，到达涅槃彼岸的要道和途径。说完这些佛法教理以后，弥勒佛看到与会的听众已经心开意解，对佛法有了初步的了解，就进一步对他们详细地讲解有关“苦、集、灭、道”这四谛教义，就如诸佛世尊经常宣说的那样。这时，在座的八万四千人天诸众，听了弥勒佛的说法之后，有如醍醐灌顶，浑身清凉。各种有碍佛法修行的烦恼尘垢均被扫除一净，而且已经初步掌握了佛法的基本义理，即获得了法眼净的果位。

于是，长者善财与八万四千人等，即刻上前，来到佛的面前，向佛请求剃度出家，以便能更好地修习清净无欲之行。因此，这些人天众生很快就获得了断灭三界烦恼、脱离生死轮回的阿罗汉果位。这是弥勒成佛后举办的初次说法盛会，在这次盛大的法会中即有八万四千众生获得阿罗汉果位。

原典

是时，儴佉王闻弥勒已成佛道，便往至佛所，欲得闻法。时，弥勒佛与王说法，初善、中善、后善①，义理深邃。尔时，大王复于异时，立太子为王，赐剃头师珍宝，复以杂宝与诸梵志②，将八万四千众，往至佛所，求作沙门③，尽成道果，得阿罗汉。

注释

①**初善、中善、后善：**这是佛教所说“七善”中的“时节善”。按佛教的说法，佛陀所说的教法，即大小乘佛典，因为具备了七种善法，所以才能称为正法。七种善法中有一种就是“时节善”，这是说佛陀的说法，从开始（初）、中间（中）一直到最后（后），即从头至尾、始终以善法贯穿，所以称为初善、中善、后善。据《法华文句》解释，此“时节善”也就是佛经的序分（初）、正宗分（中）及流通分（后），因三时都是善法，所以称为“时节善”。

②**梵志：**泛指佛教以外一切外道的出家者。此外，有时把婆罗门也称为梵志。

③**沙门：**又作桑门、娑门等，意思是息心、息恶、

净志、静虑等，有精勤修习、息灭烦恼的意思。大约在公元前六到五世纪，即约当于我国春秋时期，古印度出现了一股反对婆罗门思想的自由思潮，包括了各种思想派别，这一思潮通称为沙门思潮。各种思想派别中的出家者，被通称为“沙门”。佛教发展起来后，沙门一词渐渐成了佛教出家僧侣的专称。

译文

当那位转轮圣王儴佉大王听说弥勒菩萨已经得道成佛，获得了无上正等正觉之后，便来到佛所在的地方，希望能够听到佛所说的无上正法。于是，弥勒佛便对他开示佛法义理。佛所说之法，其教理深邃玄奥，从开始(初时)、中间（中时）一直到最后（后时)，在所有时节中所说的教法，都是契合真谛的善法，因此佛陀的教法堪称正法。那位转轮王闻佛说法以后，回去便立太子为王，将很多珠宝赠于剃头师，并把各种宝物赠给了诸婆罗门及其他的出家修行者。他自己则带领了八万四千众生，来到了佛所在之处，向佛恳求，希望出家成为沙门，做弥勒佛的弟子。这些人在佛陀指导下，勤力修行，很快便成正道，获得正果，成为阿罗汉。

原典

是时，修梵摩大长者闻弥勒已成佛道，将八万四千梵志之众，往至佛所，求作沙门，得罗汉果。唯修梵摩一人，断三结使①，必尽苦际。

注释

①**三结使**："结"和"使"，都是烦恼的异名，烦恼能使身心受到束缚，从而结成苦果，所以称之为"结"。另外，烦恼能随逐众生，又驱使众生在生死苦海中不断轮回，所以又称为"使"。三结使又作"三结"，即三种烦恼。此三结是：一、见结：包括身见（执着认为生命的主宰"我"以及"我"的身体都是真实存在的观点）和边见（否认因果报应）。二、戒取结：指守持错误的戒律法规。三、疑结：对佛教教义表示怀疑，产生疑惑之情。佛教认为，众生在见道、修道的过程中，有许多烦恼和疑惑。但以此三者为重，所以常常以三结为见道之惑的总称。如果断此三结，则获得了初步的果位（预流果）。

译文

弥勒菩萨的父亲修梵摩大臣，这位鸡头城人人称道的长者，这时也听说他的儿子弥勒已经修成佛道，便带领了八万四千名曾经修习清净无欲之行的婆罗门，以及其他一些出家修行者，来到弥勒佛所在的地方，向佛请求出家，希望成为修行佛道的沙门，做一个佛的弟子。这些众生也如愿以偿，在佛陀谆谆教导下，很快便获得了断除烦恼的罗汉果位。唯有修梵摩一人，断灭了三种系缚身心的烦恼结使。这三种结使便是：一、对人的生命现象以及自然界的因果报应规律等的错误认识（即见结）。二、守持错误的戒律法规（即戒取结）。三、对佛法教义表示怀疑和不信任之情（即疑结）。由于断除了这三种能随逐众生，并驱使众生堕入生死苦海中的烦恼结使，所以他就脱离了苦果，进入了圣者之流，获得了初级果位，即“预流果”。

原典

是时，佛母梵摩越复将八万四千采女之众，往至佛所，求作沙门。尔时，诸女尽得罗汉，唯有梵摩越一人断三结使，成须陀洹[①]。

注释

①须陀洹：意为“预流”，指众生通过思悟四谛之理，断灭了三界见惑而达到的最初修行果位。预流即“预入圣者之流”的意思，是说达到了这种果位，便从此进入了断灭烦恼的圣者之流。

译文

这时，弥勒的生身之母梵摩越夫人，也率领了八万四千名嫔妃采女，前往佛所在之处，向佛要求出家为沙门，做一名佛弟子。结果，诸嫔妃采女们在佛的教导下，很快便修成正果，获得了罗汉果位。唯有梵摩越夫人一人，则和弥勒的父亲修梵摩一样，断除了系缚人的身心的三种烦恼之结，进入了圣者的行列，获得了“预流果”。

原典

尔时，诸刹利妇闻弥勒如来出现世间，成等正觉，数千万众，往至佛所。头面礼足，在一面坐，各各生心，求作沙门，出家学道。或有越次取证[①]，或有不取证者。

尔时阿难，其不越次取证者，尽是奉法之人，厌患一切世间不可乐想。尔时弥勒，当说三乘[2]教，如我今也。

注释

①**越次取证**：取证即获得果位，证得道果的意思。按照佛教的说法，修行的果位，由浅入深，可以分成多种不同的层次。如小乘的罗汉果位，可以分为预流果、一来果、不还果，以及阿罗汉果等。大乘的菩萨位，从初地到十地，也可分成多种不同的阶段。但如果是利根大器者，则也可能在修行过程中越过某一阶段而直接证得更高一级的果位，这就称为“越次取证”。

②**三乘**：一般指声闻乘、缘觉乘和菩萨乘为“三乘”。这是不同根机的修行者修行成道的三种不同方法和途径。“声闻者”，指听闻佛陀教言，遵从佛陀的说教修行并以获得自身解脱为目的的出家修行者。“缘觉者”又称独觉，是从自然界的生灭变化中觉悟十二因缘之理而得道者。“菩萨乘”亦即佛乘，指发无上道心，修持大乘六度之行，上求佛道，下度众生，在未来成就佛果的修行者。

译文

此时，许多出身于刹帝利的妇人，即武士、贵族的家眷妇女们，听说弥勒如来已经出现于世，并且已经在“龙华”树下修成佛道，证得无上正等正觉，便相继来到佛所在之处。数千万众，纷纷在佛前，以自己的头面叩于佛的双足，向佛表示最大的礼敬和崇仰之意。礼毕，她们在佛的一边端坐，看着佛的庄严之相，各自心头都产生了一种想要出家做沙门，希望成为一名佛弟子的强烈愿望。结果她们如愿出家，大家一起修习佛道。在修道过程中，有些利根大器者，便直接证得较高的果位，获得较大的成果；也有的则在一时之间，并不能马上越过低级阶段，证得较高的果位。为什么这些人不能直接证得较高一级的果位呢？

阿难啊！那些不能直接证得较高阶段果位的，都是一些奉法之人，她们并不认为世间一切是苦，因此厌患一切认为世间是不可乐的观点。在这种情况下，弥勒如来就应当针对不同根器的众生，演说声闻乘、缘觉乘、菩萨乘这三乘教法，就如同我今天与你们所说之法一般无二。

原典

弟子之中，大迦叶[①]者行十二头陀[②]。过去诸佛所，善修梵行。此人当佐弥勒佛，劝化人民。

尔时，迦叶去如来不远，结跏趺坐，正身正意，系念在前。尔时，世尊告迦叶曰：

吾今年已衰耗，向八十余。然今如来，有四大声闻，堪任游化，智慧无尽，众德具足。云何为四？所谓大迦叶比丘、君屠钵叹比丘、宾头卢比丘、罗云比丘，汝等四大声闻，要不般涅槃，须吾法没尽，然后乃当般涅槃[③]；大迦叶亦不应般涅槃，须待弥勒出现世间。所以然者，弥勒所化弟子，尽是释迦文佛[④]弟子。由我遗化，得尽有漏。

注释

①**大迦叶**：即摩诃迦叶，见《上生经》“摩诃迦叶”条注文。

②**十二头陀**：头陀又作“杜多”“杜荼”，本来的意思是去掉尘垢烦恼。一般称修持苦行者为头陀行者。佛教的头陀行共有十二项规定，称为十二头陀行。这十二项是：一、必须穿被遗弃的破布缝制的僧衣。二、应穿

三种用不正色（杂色）布制成的袈裟。三、应当托钵乞食。四、一天只吃一餐。五、除正餐外，不吃零食。六、不能多吃，钵中只受一团饭。七、住在远离聚落的空闲寂静处。八、应当住于坟地冢间。九、可以在树下坐。十、要坐于露天处。十一、不拘地方，随地而坐。十二、常坐而不倒卧。

③**般涅槃：**也叫“涅槃”“入灭”“灭度”“圆寂”等，即逝世的意思。

④**释迦文佛：**即释迦牟尼佛。

译文

在我所有弟子中，有大迦叶者，他一直在修习十二种头陀苦行。当过去诸佛之时，他也在过去诸佛处善修各种清净梵行，因而此大迦叶应当在将来世辅佐弥勒佛，协助弥勒佛一起教化众生。

这时，迦叶尊者正在离佛陀不远的地方进行禅修。他端身正意，双腿结跏趺坐，息心静虑，系念于前。世尊当即告诉迦叶尊者说：

迦叶啊！我现在年纪已经八十多岁，身体衰弱。然而，现今如来有四大声闻弟子，可以担任游行教化的重任。这四大声闻弟子具有无尽的智慧，而且德行也是具足无亏，在众弟子中有很高的声望。是哪四个声闻弟子呢？他们就是大迦叶比丘、君屠钵叹比丘、宾头卢比丘和罗云比丘。你们四个是我的四大声闻弟子，你们须记住：将来当我灭度以后，你们不要跟随我一起灭度，与我一起进入涅槃。你们必须在我所教之法没尽以后，才能进入涅槃。大迦叶也是如此，不要在我涅槃以后马上就灭度，而应当住于世间，等待弥勒菩萨出现于世。之所以要你们这样做，是因为当将来弥勒菩萨成佛以后，他所教化的弟子，实际上也都是我释迦文佛的弟子。他们是因为遵循了我所流传下来的教化而修行，才能使那些系缚人们身心，并使人们陷入轮回的各种烦恼得以断灭除尽。

原典

摩竭国[①]界，毗提村中，大迦叶于彼山中住。又，弥勒如来将无数千人，前后围绕，往至此山中。遂蒙佛恩，诸鬼神当与开门，使得见迦叶禅窟[②]。是时，弥勒伸右手，指示迦叶，告诸人民："过去久远，释迦文佛弟子，名曰迦叶。今日现在，头陀苦行，最为第一。"

是时诸人，见是事已，叹未曾有。无数百千众生诸尘垢尽，得法眼净。或有众生见迦叶身，已此名为最初之会。九十六亿人皆得阿罗汉。斯等之人，皆是我弟子。所以然者，悉由受我教训之所致也。亦由四事[③]因缘：惠施、仁爱、利人、等利。

注释

①摩竭国：即“摩竭陀国”，古印度国名，国都王舍城（后迁至华氏城），在今印度比哈尔邦南部。释迦牟尼佛在世时，常在这儿说法教化。到孔雀王朝统治时期，摩竭陀国曾经成为印度佛教的中心。摩竭陀国孔雀王朝的阿育王，是佛教历史上著名的护法大王。在阿育王统治时期，摩竭陀国几乎统一了整个印度，在阿育王的提倡和保护下，佛教成了印度的国教，并开始从印度向其他地区传播。

②禅窟：修习禅定者所居之洞窟。早期佛教修行者，为了免受干扰，使心专注一境，从而能专心一念地修习，因而常常避开村庄聚落和人口众多的地方，来到山岩洞窟中修习禅定，这种洞窟即称作禅窟。

③四事：也称作四事摄法、四事摄，或四摄。这是大乘佛教菩萨为了普度众生，使众生产生亲近、趋向佛道之心，并最终归依佛教，而应当做的四件事。这四件事就是下文提到的惠施、仁爱、利人、等利四项。“惠

施”又作布施摄，如有众生喜欢财物，则可施之以财物，如果是喜闻佛法，则当施予佛法。“仁爱”又作爱语摄，即随顺众生的根性，以善意、温柔的言语慰喻，使众生对佛道产生亲近之心。“利人”又作利行摄，即言语、行动都要符合佛教教法，利益众生，以此使众生接受佛法之道。“等利”又作同事摄，指能与众生共同相处，并相机教化，使众生受到佛法的熏习。

译文

在摩竭陀国境内，有一个叫毗提村的地方。这儿有一座大山，大迦叶以后就住在此山之中。将来弥勒菩萨成佛以后，便会带领无数人来到此处，将此山团团围绕，并直往山中而去。由于佛的恩典加被，因而看守此山的诸鬼神便当前来为众人打开山门，使众人都能见到禅坐于窟中的迦叶尊者。这时，弥勒如来便伸出右手，指着迦叶尊者对众人说：“在过去很久很久以前，有一位叫做释迦文佛的佛陀出现于世，这位释迦文佛有一个弟子，名叫迦叶，就是我们现在所看到的这位尊者。他在释迦牟尼佛的诸弟子中，以修习头陀苦行著称，因而被称为‘头陀第一’。”

听完弥勒如来的这番话，在场众人又亲眼看到晏坐于禅窟中的迦叶尊者，大家都非常赞叹，觉得此事闻所未闻，实在是稀有之事。无数百千众生，由此而得除尽各种缠缚身心、有碍清净修行的烦恼尘垢，初步掌握了修行佛法的正道，能初步运用佛法智慧去理解和看待事物，即获得了清净法眼。其中也有一部分众生由于见到迦叶尊者之身而修成了道果。在弥勒如来初次说法的法会中，就有九十六亿人获得了阿罗汉果位，这些获得果位的众生，都是我的弟子。我之所以这样说，就因为他们是长期受了我的教法影响的结果，才能这么快就获得这样的成就。同时也是他们平时一直坚持修习“惠施”（即施恩惠于他人，如以财物施于别人，或是以佛法教导别人等）、“仁爱”（以善意和温柔的态度对待别人，使众生对佛道产生亲近之心）、“利人”（以符合佛法的言语行动利益众生，使众生由亲近而进一步开始接受佛道）、“等利”（与众生共同相处，并相机教化，以佛法熏习众生）这四件事的结果。

原典

阿难！尔时弥勒如来，当取迦叶僧伽梨[①]着之。是时，迦叶身体，奄然星散。是时，弥勒复取种种华香，供养迦叶。所以然者，诸佛世尊，有敬心于正法故。弥勒亦由我所受正法化，得成无上正真之道。

注释

①**僧伽梨**：僧衣的一种，以九条或二十五条布缝制而成，又称作“大衣”。僧伽梨的意思是“众聚时衣”，一般在大众集会、授戒、说法，或出入城镇、村落及宫殿的场合时穿的。

译文

阿难啊！到了这时，弥勒如来就将从迦叶尊者处取得僧伽梨（即僧衣，袈裟的一种）穿上。然后迦叶便入灭度，他的身体即奄然星散。于是弥勒如来又取来许多鲜花，供养迦叶尊者。他这样做，是因为诸佛世尊，都具有敬仰正法之心的缘故。而弥勒如来也是因为受了我的正法教化，才修成无上真正之道的。

原典

阿难当知：弥勒佛第二会时，有九十四亿人皆得阿罗汉，亦复是我遗教弟子，行四事供养[①]之所致也。

又，弥勒第三之会，九十二亿人得阿罗汉，亦复是我遗教弟子。尔时，比丘姓号，皆曰“慈氏弟子”[②]，如我今日诸声闻，皆称“释迦弟子”。

注释

①**四事供养**：四事指衣服、饮食、卧具、医药，以此四事供养于佛、法、僧，即称为四事供养。

②**慈氏弟子**：“慈氏”即弥勒菩萨姓氏，梵音“梅底丽”（弥勒），意为“慈”。据佛教经典说，弥勒菩萨数世以来一直修习慈心三昧，所以世代以“慈”为姓。弥勒成佛后，凡弥勒佛的出家弟子，都应以弥勒佛的姓为自己的姓，故称为“慈氏弟子”。所以佛经中说：“尔时比丘姓号，皆曰慈氏弟子。”就如释迦牟尼佛的弟子都以“释”为姓氏一样。

译文

阿难啊！你应当知道，在弥勒佛第二会说法之中，有九十四亿人将获得断灭世俗烦恼、解脱生死轮回的阿罗汉果位。而这些获得罗汉果位的，也都是受过我遗教教化的弟子，他们平时经常以衣服、食物、卧具以及汤药等物供养佛、法、僧三宝，时常对佛法怀着恭敬之心，所以才会有这样的成就。

在弥勒如来第三次说法的盛会上，有九十二亿众生将获得阿罗汉果。他们也都是由于受了我的遗教而行，因此也是我的遗教弟子。当弥勒如来出现于世之时，那时所有在佛法中出家的比丘们，他们的姓氏，都将称为“慈氏”，就好像在我今日之世，我的诸声闻弟子都称为释迦弟子，都以“释氏”为姓一样。

原典

尔时，弥勒为诸弟子说法：汝等比丘！当思惟无常之想、乐有苦想、计我无我想、实有空想、色变之想、青瘀之想、膖胀之想、食不净想、脓血想、一切世间不可乐想。所以然者，比丘当知，此十想①者，皆是过去释迦文佛为汝等说，令得尽有漏，心得解脱。

注释

①**十想**：即十种观想，或十种思想。即以上所举之十种想。具体名目及顺序，各经所说略有不同，如《广义门经》中说十想：一、不净想。二、无常想。三、苦想。四、无我想。五、厌恶食想。六、无安乐想。七、生光明想。八、离欲想。九、灭离想。十、死想。此外，《大品般若经·序品》中说十想是：无常想、苦想、无我

想、食不净想、一切世间不可乐想、死想、不净想、断想、离欲想、尽想。

本经所说十想，其中“无常想”又作非常想。即指世间一切事物，都处于不断生灭变化的过程之中，佛教所说的“世事无常”就是这个意思。

“苦想”又作苦思想，即从无常想出发，观察世事处于不断的生灭变化中，人生也是如此，因此充满了痛苦，所谓三苦、八苦等。

“计无我想”又作非身想，即众生执着于有肉体主宰的“我”，佛教则从世事无常出发，说明万物都由因缘和合而成。有情个体也是由“色”“受”“想”“行”“识”此五种因素（五蕴）和合而成，如离开了这五种物质或精神的因素，则没有众生之生命个体。因此，生命个体中并没有一个作为主宰的“我”的存在。

“实有空想”，指众生以世事万物和有情众生为实有，而佛教则以世界万事万物，包括有情众生，都是由因缘和合而成，因而是无常，并非实有，所以为空。

“色变之想”，色指物质性事物，指世事万物都处在不断的成、住、坏、空的变化过程中。

“青瘀之想”“膖胀之想”，以及下文的“脓血想”，都是指观想自身不净。世人多迷，以生命为欢乐，无不善视自身，想尽办法保养身体。佛教则以身体为臭皮囊，只有作如是观，才能对一切事物拿得起，放得下，才有可能接受佛法之道。“膖”，音“庞”，肛肿之意。

“食不消想”，又作“食不净想”“秽想”或“厌恶食想”，即观想世间一切食物，都是由不净因缘而生。如各种肉类，都是由精血脓水合成，其中又充满了各种寄生虫。各种食物在烹制过程中，又不断接触各色各样的污秽之物，受到种种污染，等等。作这样的观想，即为食不净想。

“一切世间不可乐想”，指世界充满了烦恼和痛苦，三界犹如火宅，无有安处，只有作这样的观想，才能毫不留恋现实生活，一心追求生命的解脱，从而希望修习佛道，获得永恒的、最高的精神境界。

译文

那时，弥勒如来为众弟子说法。他说道：比丘弟子们，你们仔细听明白了，你们应当经常修习十种观想。这十种观想就是：

一、无常之想：应该懂得世间一切事物都是处在不断生灭的变化过程之中，因此世事无常。

二、乐有苦想：要知道既然世事无常，人生也是如此，同样处在不断的生灭变化过程中，因此应当经常思念人生是苦。

三、计我无我想：人是由因缘和合而成，离开了因缘，则没有生命实体的存在，因此生命个体中也没有一个作为主宰的“我”的存在。

四、实有空想：世事万物和有情众生既然都是由因缘和合而成，因而并非实有，所以说是空。

五、色变之想：你们要知道，为了破除人的情执及对肉体的执着，可观想尸体变化的丑恶形相。

六、青瘀之想：观想尸体经过风吹日晒，由黄赤色变黑青。

七、膖胀之想：还要经常观想尸体膨胀的形状。

八、食不净想：要观想尸体被蛆虫、鸟兽所食的状况。

九、脓血想：要经常观想尸体由腐烂而脓血流溢。

十、一切世间不可乐想：要知道三界有如火宅，无有安处；世界充满了种种烦恼和痛苦，一切世事都无可乐之处。

为什么要作此十种观想呢？比丘们，你们应当知道，这十种观想，都是过去世释迦文佛曾经为你们说过的。作此十种观想，可以使你们断除各种世俗的有漏烦恼，使心灵得到解脱，不再受各种烦恼的系缚。

原典

若此众中，释迦文佛弟子过去之时，修于梵行，来至我所。或于释迦文佛所，奉持其法，来至我所。或复于释迦文佛所，供养三宝①，来至我所。或于释迦文佛所，弹指之顷，修于善本，来至此间。或于释迦文佛所，行四等心②，来至此者。或于释迦文佛所，受持五戒、三自归③法，来至我所。或于释迦文佛所，起立寺庙，来至我所。或于释迦文佛所，补治故寺，来至我所。或于释迦文佛所，受八关斋法，来至我所。或于释迦文佛所，香华供养，来至此者。或复于彼闻法，悲泣堕泪，来至我所。或复于释迦文佛所，专心听法，来至我所。或复尽形寿，善持禁戒，来至我所。或复尽形寿，善持梵行，来至我所。或复有书读讽诵，来至我所。或复承事供养，来至我所者。

注释

①**三宝：**佛教将佛、法、僧三者称为三宝。“佛”者觉悟之意，佛是彻底觉悟了世间真理的大觉大悟者，为世间之尊，因此称为宝。“法”者是佛所悟之理，是世间至高至上的真理，因此也称为宝。“僧”者是佛法的继承

和传播者，是佛陀的弟子，因此也称为宝。

②四等心：又称“四无量心”。一、慈无量心：慈者“与乐”之意，以仁慈之心利益众生，使众生得到欢乐。二、悲无量心：悲者“拔苦”之意，解救众生的苦难，使众生从生死苦海中得到拯救。三、喜无量心：看到众生离苦得乐，感到喜悦。四、舍无量心：平等对待一切众生，一视同仁，没有厚此薄彼之心。佛教认为，慈、悲、喜、舍四无量心是一切菩萨为普度众生，解救众生于苦海之中而应具备的精神条件。

③三自归：即“三归依”。归者归顺依附之意。三归依即归依佛、归依法、归依僧。这是为了表示对佛法的尊崇和诚服。这是佛教信徒在入教时必须要受的一种仪规。据《大乘义章》说，佛教徒应当依佛陀为导师，所以要归依佛；应当以佛法为良药，对治自身的贪、嗔、痴诸病，所以要归依法；应当依僧为友，所以要归依僧。

译文

在今天与会的大众之中，有些是过去世释迦文佛的弟子。他们在过去世，曾经修习各种清净梵行，由此功德而于今世来到我这儿。有一部分是在过去世释迦文佛处，曾经修习过释迦文佛所说之法，因此而来到了我这儿。也有的是在释迦文佛处，曾经供养佛、法、僧三宝者，他们以此功德，而于今世来到我这儿。或者有一部分是因为在释迦文佛时，曾经在一弹指的刹那之间，修习过各种各样的善事，由于这样的功德才能于现在来到此间。或者有些众生是在释迦文佛处，曾经修习“慈、悲、喜、舍”此四等心者，因而现在来到了这儿。或者是在释迦文佛处，曾经受持过五戒、三归依法的，便于今世来到我处。或者是在过去世释迦文佛时，曾经建立过寺院，即于今世来到了我这儿。也有的是在过去世释迦文佛时，曾经整修过寺院的，现在来到了我这儿。或者是在过去世释迦文佛时，曾经受过八关斋戒的，便于今时来至此间。或者是在过去世释迦文佛时，曾经以香花供养佛、菩萨者，以此功德，便于今日来到了这儿。或者是在过去世时，曾经在释迦文佛处听闻佛法，并因闻法而悲泣堕泪者，即于今时来到我处。还有的是因为在过去世曾经在释迦文佛处，专心听闻佛陀说法的，即于今世来到我处。或者，有一部分是因为曾经尽自己的一生，守持佛制禁戒，努力无犯，故于今时来到我处。或者是因为尽自己的一生，努力修习各种清净梵行，因此而在今时来到我处。还有的则是因为经常书写和诵读经典，或者是能对佛、法、僧三宝供养无亏者，便能在今世来到我这儿。

原典

尔时弥勒，便说偈言：

增益戒闻德，禅及思惟业；
善修于梵行，而来至我所。
劝施发欢心，修行心原本；
意无若干想，皆来至我所。
欲发平等心，承事于诸佛；
饭食于圣众，皆来至我所。
所诵戒契经，善习与人说；
然炽于法本，今来至我所。
释种善能化，供养诸舍利；
承事法供养，今来至我所。
若有书写经，颁宣于素上；
其有供养者，皆来至我所。
缯彩及诸物，供养于塔等；
自称南无佛，皆来至我所。
供养于现在，诸佛过去者；
禅定正平等，亦无有增减。
是故于佛法，承事于圣众；
专心事三宝，必至无为处。

阿难当知，弥勒如来，在彼众中，当说此偈。尔时，彼众中诸天人民，思惟此十想。十一垓[①]人，诸尘垢尽，得法眼净。

注释

①垓：古代的数量单位，见《太平御览》七五〇引汉代应邵《风俗通》说，十万谓之“亿”，十亿谓之“兆”，十兆谓之“经”，十经谓之“垓”。如此，则一“垓”当为现在通常所说的亿。然经中所说之“十一垓”，实在是一个不确定的数，只是表示数目极多之意。

译文

说完以上这番话，弥勒如来便对众人说偈道：
由于不断地增长守持戒律以及听闻佛法的功德，
经常修习禅定、息心思惟静虑等各种善业；
坚持修习各种清净无垢的梵行，
以此功德而能在今世来到我处。
因为经常以布施等功德产生欢喜心的缘故，
不断地进行修习以使内心逐渐回归本来清净之本心；
排除各种杂虑使自己的意念一直保持纯净，
如此修习便会在今世来至我处。

从内心中发出平等对待众生之心，
以此众生平等之心承事于诸佛世尊；
经常以鲜果饮食等东西供养诸圣众，
以此功德便能来到我处。
平时经常诵读戒律和佛说的各种经典，
自己善于修习并经常将经义说给人听；
时刻不忘发挥和弘扬佛法的精义，
今世便会来到我这儿。
曾经在释迦牟尼佛处出家而成为释迦弟子，
善于教化众生并能供养诸佛舍利；
承担起传播佛法并以佛法供养众生的责任，
以此因缘今世便能来至我处。
假如有人能经常书写佛教经典，
将佛经书写在纸、帛或绢上；
如有人能经常供养这些佛经，
便都能在今世来到此处。
如果有人能以缯绫绸缎或其他诸物，
供养于佛塔及寺院等；
口中不断称念“南无佛”名号，
即能于今世来到我处。
如果有人能经常供养现在及过去诸佛，
平时经常修习禅定、平等心和各种正道，

于信奉受持佛法之心无有增减；

以此因缘之故，能承奉亲近于诸佛、菩萨及诸圣众，

专心事奉佛、法、僧三宝，

如此而行必定能到达无为之处。

阿难啊！你可知道，当时弥勒如来即在与会诸众生中，宣说了这些偈言。那与会的众生、诸天人等，听了弥勒如来的说法之后，都一直在思考着如来所说的十种观想之法。实时便有百千亿万人天众生，断尽了缠缚众人身心的各种世俗尘垢烦恼，能够用佛法真理去观察事物和进行修行实践，获得了法眼净的果位。

原典

弥勒如来千岁之中，众僧无有瑕秽。尔时，恒以一偈，已为禁戒：

口意不行恶，身亦无所犯；

当除此三行，速脱生死关。

过千岁后，当有犯戒之人，遂复立戒。弥勒如来当寿八万四千岁。般涅槃后，遗法当存八万四千岁。所以然者，尔时众生，皆是利根。

其有善男子、善女人欲得见弥勒佛，及三会声闻众，及鸡头城，及见儴佉王，并四大藏珍宝者，欲食自然粳

米者，并着自然衣裳，身坏命终，生天上者，彼善男子、善女人当勤加精进，无得懈怠。亦当供养承事诸法师，名华捣香，种种供养，无令有失。

如是阿难，当作是学。

尔时，阿难及诸大会，闻佛所说，欢喜奉行。

译文

在弥勒如来住世的第一个千年之中，诸比丘僧众们勤于修习，德行无亏，诸行之业无有瑕秽。那时的众生，都以一偈作为自己平时言行的禁戒，这一偈是：

口中的言语和心中的意念决不能涉及各种恶业，

身体诸行也必须无犯戒律；

如果能除尽此身、口、意三种恶业，

便能迅速地脱离生死之关。

过了一千年后，才先后出现了犯戒之人。于是弥勒如来又为众人陆续制定各种戒规戒律。弥勒如来住世当有八万四千年，当其寿尽灭度以后，遗留的教法将流传在世间八万四千年，这是因为，那时的众生，都是利根大器者。

各位信奉佛法的善男子、善女人们，你们如果希望能够见到弥勒佛者，或是希望见到躬逢弥勒如来三次说法盛会的诸声闻弟子，见到鸡头城及那位转轮圣王，还有届时将出现的四大珍藏宝库者，或是希望能够进食那芳香的自然粳米，并能穿着那由树上自然生长的衣物，当身坏命终以后，能够往生于天界者，抱着这些希望的诸善男子和善女人们，应当勤于精进修行，不得产生懈怠之念。同时应当供养和侍奉各位法师，以各种名贵鲜花和香料等物供养，不要有任何疏忽过失。

阿难啊！你们应当按我所告诉你们的做法去进行修学。

当释迦文佛说完这些以后，阿难和与会的各位众生听了佛所说之法，都从心底生出欢喜之情，信受奉行佛陀的教法。

源流

弥勒净土思想在我国的发展和演变

弥勒净土思想的起源

《弥勒上生经》和《弥勒下生经》向我们叙述了一个关于未来佛，即弥勒佛的故事。这两部经的主要精神则是在于弘扬弥勒净土的思想。

所谓“净土”，是和“秽土”相对而言。佛教认为众生所居的凡俗世界，由于充满了烦恼和贪婪的欲望，以及种种不净污秽之物，因此是一个污秽的世界，故而称之为“秽土”。与此相对，诸佛的世界，则是一片充满光明的清净国土，因而称为“净土”。在大乘佛教经典中，曾经讲到过许多佛的净土。例如，在《药师琉璃光如来本愿功德经》中讲到药师佛的东方琉璃净土，在《维摩诘经》中曾讲到阿闳佛的妙喜净土，《阿弥陀经》《无量寿经》和《观无量寿经》等经典中又讲到阿弥陀佛的西方极乐净土。大乘佛教认为十方世界有无数佛，因此也就有无数的净土，因而《华严经》中说“无尽净土”，另一部大乘佛教的重要经典《法华经》中则讲十方净土等。在中国佛教中，比较流行的，主要有阿弥陀佛的西方极乐净土和弥勒菩萨的兜率净土。

据一些学者的研究，弥勒信仰大约起源于佛灭后三百年到五百年左右，即约当公元纪元前后的一、二百年间。在印度及其周围地区发现的有关弥勒的造像，年代最早的约为公元二世纪左右的作品。我国东晋时候的僧人法显在他所著的《佛国记》中，记叙了北印度一个叫“陀历”的小国盛行的弥勒信仰。他在那儿看到有木刻的弥勒菩萨像，当地自古以来相传，这是在佛灭后三百年左右时建立的。而且据说此像立后，便有天竺沙门带了佛经来这儿传教。此像在陀历国及附近的一些国家中，有很大影响，引起“诸国之王竞兴供养”，可见弥勒信仰在这一带已经相当普遍。在同书关于锡兰（今斯里兰卡）佛教的记叙中，也讲到了关于弥勒出世之事，说明这时弥勒信仰流传已经很广泛。佛灭后三百年，当为印度孔雀王朝的阿育王统治时期。阿育王是佛教史上有名的护法大王，在他统治期间，印度佛教有很大的发展。阿育王还派遣使者到四方传播佛教，因此许多关于佛教的传说，都可追述到这一时期。上述法显记载的陀历国在佛灭后三百年，有天竺沙门来此传教之说，可能就是与阿育王派使者四方传教之事有关。

弥勒信仰的传入和两晋时期我国弥勒信仰的流行

弥勒信仰传入我国，大约是在西晋时。西晋竺法护翻译的《弥勒菩萨下生经》和《弥勒菩萨所问本愿经》，是我国最早的关于弥勒经典的传译。此外，东汉以来一直比较流行的《道行般若经》和《放光般若经》中已经有关于弥勒信仰的内容了。西晋竺法护译的《正法华经》中，也曾讲到弥勒菩萨，这一部经在两晋时十分流行，因此关于弥勒的信仰，就随着这些经典的流传而在社会上传开。另外，自汉末到两晋，中国社会经常处在战乱动荡之中，战争的破坏和严重的自然灾害，使百姓生活极其困苦。在这种情况下，我们可以想象，有关未来佛降生普度众生，以及当弥勒降生时世界的光明和幸福情景，对于一般民众，是有着多么巨大的吸引力。因而有关弥勒信仰的佛教经典一经译出，就引起了人们的重视。

两晋之际，弥勒信仰在社会上发展很快。从现有文献资料来看，最早信奉弥勒净土，并在社会上有重大影响的是东晋时著名的僧人道安法师。道安法师是东晋时佛教界的领袖人物。俗姓卫，常山五柳人（今河北正定）。他少年出家，师从当时的名僧佛图澄，并深得佛图澄的赞赏。佛图澄圆寂以后，他率领着弟子们至山西、河南和陕西等地，并曾长期居住在襄阳和长安。道安在中国佛教史上的贡献是多方面的，他曾为他所领导的僧团制定了戒规律仪，成为后世佛教僧团遵循的轨式。他曾刻意研究各种《般若经》，推动了当时般若学的发展。他还组织佛经翻译，从理论上对佛经翻译进行了总结，提出了“五失本、三不易”之说，被后人认为是“洞入幽微，能究深隐”。此外，他还是我国最早的弥勒净土信奉者和实践者之一。据《高僧传》等记，道安在襄阳时，前秦的苻坚曾派人送结珠弥勒像给他。他曾与弟子法遇、僧辅、昙戒、道愿等八人，在弥勒像前立誓，愿往生于兜率陀天。相传他圆寂之前，曾有异僧夜半相见，道安请问他自己来生将往生何处，那异僧以手虚指天之西北，即见云开，“备见兜率胜妙之报”等。道安的弟子昙戒在病重之时，一直不停口地诵念弥勒佛的名号，昙戒的弟子问他，为什么不愿往生到阿弥陀佛的西方极乐国土，昙戒回答他说，我曾经与道安和尚等八人一起在弥勒像前立下誓言，大家都愿往生弥勒菩萨的兜率净土。现在他们都已先去了，只有我还未去，所以我有此愿望。

道安等愿往生弥勒净土的目的，主要是希望能解决佛学研究和宗教实践过程中产生的疑问。道安的弟子僧睿曾在《维摩经序》中说到，道安在研究和著述时，每当遇到难以解决的问题，便希望求决于弥勒菩萨。佛教相传，弥勒受释迦牟尼佛的委托，在兜率天宫一方面为诸天众演说佛法，一方面则为世间众生解答有关佛教的各种疑问，因此当时佛教中关于“弥勒决疑”之说甚为流行。例如东晋僧人智严，曾为自己是否得戒问题而一直困惑，为此而专门去印度寻求解答，最后据说是一“罗汉比丘”为他入定，往兜率天宫求决于弥勒菩萨，才解决了他多年的困惑。此外，僧传中还记载有西域僧人达摩曾于禅定中到兜率天，从弥勒菩萨受戒等。总之，两晋之际，弥勒信仰已经在社会上流传，当时弥勒信仰的主要内容，除了希望往生兜率净土外，还有一个重要的部分，就是希望通过弥勒菩萨来解决自己在佛法方面碰到的疑难。两晋之际正是中国佛教刚刚开始发展的时期，这时大量佛经先后译出，印度佛教各派教义学说也纷纷传入，中国的僧人开始以自己的思想方法来理解和接受佛教的教义学说，在这种情况下，他们会产生很多问题和疑惑，希望能够得到解决，“弥勒决疑”之说正好为此提供了一条解决问题的途径，因此也推动了弥勒信仰的广泛流传。

南北朝以后的弥勒信仰

南北朝以后，关于弥勒及兜率净土的信仰很快地发展起来。主要表现在这几个方面：

首先是有关弥勒的经典大量译出。从两晋到隋唐期间，关于弥勒的经典，除了前面我们提到的所谓“弥勒三部经”“弥勒六部经”（其中一部为唐代义净三藏所译）之外，在《出三藏记集》《开元释教录》等佛教经录中还著录有《弥勒菩萨本愿待时成佛经》《弥勒为女身经》《弥勒受决经》《弥勒成佛本起经》《弥勒下教经》等。但是这些经有的到隋唐以后就已亡佚，有的则被判为“伪经”，以后也渐渐不传。但是，我们可以从这些著录中看出，当时社会上流传的弥勒经典还是很多的。

其次，弥勒信仰在民间得到了广泛的传播。如果说，“弥勒决疑”之说主要是在佛教学者和一些佛教修行者中间得到信奉的话，那么南北朝时期大量弥勒佛或弥勒菩萨的造像出现，说明这时弥勒信仰已经广泛地深入到社会的各个阶层。例如在中国著名的云岗、龙门等石窟，在南北朝时期所造的各种佛像中，除了释迦牟尼佛的像以外，数量最多的还是弥勒菩萨像了。因而清代叶昌炽在《语石》中说，当时所刻的石像，以释迦牟尼、弥勒像最多。弥勒像的造型，既有交脚而坐，身披天衣，头戴天冠的菩萨像，也有如同释迦牟尼佛那样以佛的形象造的。前者表现了弥勒上生，在兜率天宫说法的形象，因而采取菩萨装，这是按照《上生经》的内容塑造的。后者则是依据《下生经》而作，表示弥勒已经下生成佛，因此用佛的形象来表现，从造像题记来看，他们信奉弥勒佛，或弥勒菩萨的主要目的是为了祈福祈寿，消灾避难或希望国运昌盛、家族兴旺等。直到南北朝的后期，阿弥陀佛以及观音菩萨的造像迅速增长起来。隋唐以后，在数量上渐渐超过了弥勒的造像，这也反映了净土信仰，从弥勒菩萨的兜率净土到阿弥陀佛的西方极乐净土之转变，最后，弥陀净土终于替代了弥勒兜率净土的地位，成为中国佛教净土信仰的主流。

由于弥勒信仰的流传，在民间，关于弥勒的传说也开始出现。比较著名的是六朝齐梁时的傅翕傅大士，以及五代时的布袋和尚了。

傅翕是浙江义乌人，号善慧。南朝齐梁间人。相传有一次，有一个叫做“嵩头陀”的僧人见了他对他说，我与你前世曾在毗婆尸佛前发誓，现在衣钵等还在兜率宫中，什么时候回去呢？傅翕回答那人说，我现在急着要救度世人，不忙着回去。又说他曾经上书梁武帝，自称“双林树下当来解脱善慧大士”，称梁武帝则为“国主救世菩萨”。他曾隐于山中躬耕而居，又曾入宫为梁武帝说法，陈太建元年（公元五六九年）圆寂，被传说是弥勒菩萨的应身。

另一位是五代时的契此，又号长汀子，俗称“布袋和尚”，在中国就更有名了。契此是明州（今浙江宁波）奉化人，据《宋高僧传》等记，他经常手持锡杖，杖上挂一布袋，出入于市镇乡村，聚落田野间，游化行乞，乞提之物就放在布袋内，因此人们称他为“布袋和尚”。相传他身形肥大，衣着随便，言谈举止不拘小节。乞食所至，酒庐屠肆，皆恣其饮啖。出语无定，随处寝卧。为人预测吉凶，非常灵验，人们都觉得他神秘莫测。后梁贞明二年（公元九一六年）坐化于明州岳林寺。示寂前曾留下一偈，偈中说：“弥勒真弥勒，分身千百亿；时时示时人，时人自不识。”于是人们认为他是弥勒转世。宋崇宁三年（公元一一〇四年），岳林寺住持昙振为他建阁塑像，于是以布袋和尚形象塑成笑口弥勒佛之像，就从江浙一带逐步流传开，以至天下佛寺都以此笑口弥勒像供于山门，使人一进寺院门，便产生一种欢喜之心。

宋明以来弥勒信仰之演变

隋唐以来，弥勒菩萨的兜率净土，逐渐被阿弥陀佛的西方极乐净土所替代，而成为中国佛教净土信仰的主流。但这决不是意味着弥勒信仰已经消失。唐代著名的高僧玄奘大师就是一个兜率净土信仰者，相传他直到临圆寂时，还是念念不忘往生兜率陀天的心愿。玄奘是中国历史上最伟大的翻译家之一。他是河南偃师人，十三岁出家，二十一岁受具足戒。他一心专研佛学，曾游历各地，遍访当时的名师。为了更深入地研究佛学，他于唐贞观三年（公元六二九年）起，克服了种种艰难险阻，毅然杖策西行，去印度求法。他在印度逗留了十七年，期间他遍访印度各地，并受业于当时著名的佛教学府那烂陀寺的高僧戒贤法师。玄奘在印度名满五天竺，被人们誉为“解脱天”和“大乘天”。贞观十九年（公元六四五年）他返回长安，回国时带回大量佛经原典。后来他在长安弘福寺和慈恩寺致力于佛经翻译和著述工作。玄奘的兜率净土信仰，主要也是受“弥勒决疑”说的影响。印度佛教大乘瑜伽行派的主要经典中，有许多署名为“弥勒”，因此后来专门从事唯识学说的人大多信奉弥勒的兜率净土。此外，他在印度的亲身经历，也使他亲眼见到那儿弥勒信仰的流行情况。他曾对人说，西方的道俗，善作弥勒之业，这是因为同在欲界之内（兜率天是欲界六天中的第四重，与凡夫众生所居的阎浮提同属欲界），所以比较容易成功的缘故。因而他在临终前还对众人说偈道："南无弥勒如来，应正等觉，愿共含识，速奉慈颜。南无弥勒如来，所居内院，愿舍命已，必生其中。"

宋明以后，民间的弥勒信仰，渐渐从兜率净土转变到弥勒下生这一方面。按《下生经》说，弥勒是在龙华树下得道成佛的，于是民间的弥勒信仰者，也纷纷仿效弥陀净土信仰者结社念佛的组织形式，组成专门奉养弥勒佛的"龙华社"。这种民间结社的形式，后来又渐渐演变，一部分与白莲教等相结合，与佛教的弥勒净土法门相距越来越远。

解说

《弥勒上生经》和《弥勒下生经》是弘扬弥勒信仰的佛教经典。弥勒信仰是净土法门的一个重要组成部分，它和阿弥陀佛的西方极乐净土一样，曾经是中国佛教发展史上净土信仰的重要内容之一。在两晋南北朝时期，弥勒信仰曾经是净土法门的主流，信奉的人数和在社会上的影响，都远远超过西方净土，因此这两部经在当时曾经广泛流传。只是到了隋唐以后，由于经过昙鸾、道绰、善导等大师的大力弘扬，对弥陀净土的信仰才逐步发展，最后超过了弥勒的兜率净土，成为中国佛教净土宗的主流。但即使在那种情况下，弥勒净土信仰也并未绝迹，在民间，在佛教界，仍然还是有一定的信奉者。特别是五代、宋以后，被看作弥勒化身的布袋和尚形象在民间广为流传，他那无忧无虑、成天笑哈哈的样子，深得人们的喜爱，弥勒的故事，由此也更为人们所熟悉。因此，《弥勒上生经》和《弥勒下生经》对于弥勒信仰的形成和发展，曾经起了重大的作用。

《弥勒上生经》和《弥勒下生经》所弘扬的弥勒净土信仰，与《无量寿经》《阿弥陀经》等弘扬的西方极乐净土信仰相比较，有些什么特点呢？

首先，弥勒信仰的内容重在“慈心观”的修习。“弥勒”的本意既为“慈”，弥勒菩萨本身也是由修慈心观而得证悟，因此，慈心观的修习，实为弥勒信仰的重要部分。“慈”就是平等观（即以平等之心对待一切众生），可以说这是释迦牟尼佛创立佛教的基本宗旨之一。大乘佛教修习的“四无量心”（慈、悲、喜、舍）也把此作为一项重要的内容。“慈”就是“仁慈”，这也是符合传统的中国伦理思想的。中国传统伦理思想历来把“仁”放在重要的地位，孔子伦理观的核心就是“仁”，他认为仁就是“爱人”，大仁者必大智大勇。他认为人和其他动物的区别也就在于人具有仁慈之心，在仁的伦理观念指导下，才能做到义、礼、智、信，才能实现理想的人格。

“仁”作为中国传统伦理思想的普遍原则，影响了中国的老百姓两千多年。而作为弥勒信仰重要内容的“慈心观”，与“仁”的伦理原则有着许多共同之处，因此它能够在中国社会产生很大影响。而那位慈眉善目，整天以满面笑容迎接四方来客的大肚弥勒（布袋和尚）像，之所以如此受到人们的喜爱，以至天下寺院都将其像供奉于山门，也反映了人们的心态。

当今世界，物质文明飞跃发展，但精神文明的进步则相对落后于物质的发展。在这种情况下，提倡仁慈与和平，提倡平等与爱心，对于社会的稳定，对于维护世界和平，对于人类的进步和发展，都是具有重要意义的。让世界充满爱，这将成为全人类的共同愿望。

弥勒信仰的另一个重要内容就是对于未来佛，即弥勒降生的期待和盼望。这种期待和盼望虽然十分遥远（据佛经说，将有五十六亿七千万年），但在中国漫长的封建社会中，这种希望和憧憬，表达了人们对于未来幸福的渴望，这对于贫困穷苦的百姓来讲，有着重大的吸引力。至少，这种期待给他们一些希望，给他们生活的勇气和信心，同时，也给了他们反抗的力量。因而，在长达一千多年的封建社会中，以“弥勒降生”为旗号揭竿而起的农民战争，在中国历史上层出不穷。如何看待和评价这些农民战争，在历史发展中的地位和作用，这是另外一个问题，但弥勒信仰在这些战争发展过程中的组织和团结作用，则是不言而喻的。

说到弥勒净土，人们一般多偏重于兜率净土，说是弥勒菩萨上生在兜率天内院，为天上众生演说佛法。信奉者希望自己以后能往生到兜率天内院，将来能与弥勒菩萨一起下生，同赴龙华之会，或者是能在兜率天听弥勒菩萨说法，以释心中之疑，增加自己的智慧，等等。但弥勒净土另外还有一个重要内容，即关于人间净土的理想，却一直未受到应有的重视。在《弥勒下生经》中，曾经讲到弥勒下生时，世界一片光明美好的景象：那时大地平整如镜，遍地绿草如茵，开满了美丽芳香的鲜花，到处是果树，枝头挂着甘甜可口的水果。气候四季舒适宜人，百姓安居乐业，丰衣足食。没有烦恼，没有痛苦，因为没有会引起这些苦果的贪婪欲望和愚昧无知。人们和睦相处，互相谦让，和颜相待，没有争吵，没有偷盗，更没有硝烟弥漫的战争，这完全是一幅人间净土的景象。

《弥勒下生经》中关于人间净土的描绘，是古代人民对理想社会的具体描述，是当时的人们对社会发展的认识和希望。他们的希望是真实的，他们追求的目标也是很实际的。因此，弥勒信仰在中国，虽然自隋唐以后，其兜率净土之说渐渐被阿弥陀佛的西方极乐净土所替代，成了净土教的非主流思潮，但其有关“弥勒下生”之说，在民间则广为流传，其中当然反映了当时人们对于弥勒降生时，人间社会幸福生活的憧憬和向往，反映了人们要求和平、安定和希望过着幸福生活的愿望。

今天，我们的世界，物质文明蓬勃发展。特别是近数百年来，由于工业化和科技发达带来的成果，使我们能够享受到许多两千年前的古人所根本不能想象的东西。但我们的世界还远非一个人间净土，在世界的许多地方，饥饿和疾病还常常威胁着人们的生命和健康。许多地方，人们还在为最基本的生存条件而挣扎。战争的硝烟，还常常在世界各地弥漫。在这种情况下，渴望和平，渴望安定，渴望一片人间的净土，这可以说仍然是大多数人的共同心愿。就这一点而言，《弥勒下生经》中描绘的人间净土，对我们现在的人来说，仍然是有一定启迪作用的。

附录

1　佛说观弥勒菩萨上生兜率陀天经讲要

太虚

释题目

此经题，即是佛说观弥勒菩萨上生兜率陀天经。此题中佛说二字，显说经之主。说经由菩萨、弟子、诸天、鬼神等所说，与佛理相应、为佛印可者，皆为佛说；一切经首云佛说者，即此意也。此经皆优波离与佛相问答之辞，阿难结集者也。梵语佛陀，简称曰佛，华言觉者，即觉悟宇宙一切真实谛相；故凡证得无上正等正觉者，皆名曰佛，此是通称。但此佛是指本师释迦牟尼也；以释尊应化此土为娑婆教主，故此世一切经典皆释尊所说，是以佛说者即释尊所说也。佛云何说法？诸法性相离一切相，所谓“离文字相、离言说相、离心缘相”，微妙难思，自内所证。《法华经》云：“诸法寂灭相，不可以言宣，以方便力故，为诸众生说。”佛以大悲愿力，为诸众生开示悟入佛之知见，令未解脱者解脱、未悟者悟。佛已无一切生死烦恼，已证涅槃菩提，但诸众生犹没在苦则所愿尚未满足，亦即为佛果未圆满；一切经皆是将佛所证境，以方便善巧而施设之教化。现所讲者，即诸经中之一经尔。

观，即能观之智，所观之境即是弥勒上生。菩萨是通名，发菩提心，集修福慧资粮，行菩萨行，由十信至等觉五十一位皆名菩萨；故菩萨名字极其广泛。同一世界有无量无数，如文殊、普贤等。此中所称菩萨，专指弥勒等觉菩萨，一生补处，位邻大觉，此身一过即证阿耨多罗三藐三菩提。菩，即菩提，智慧之意，上求之智也；萨，即萨埵，有情之意，下化之生也。以菩提为能化之智，以萨埵为所化之境，故曰菩萨。但补处非只弥勒，而十方世界甚多，如观音补弥陀，维摩补阿闳是也。弥勒，译音，正云梅怛利耶，此云慈氏。当来作佛仍称弥勒，以多劫行慈心三昧故。为释迦佛弟子之一，佛曾为授记，谓遇增劫后，即当于此土作佛教化众生也。佛灭度后，弥勒旋亦示灭，然去成佛之时尚遥，一生补处于此中间居何处耶？佛乃说其上生睹史陀天上，由下而升也。生，即新起之意。佛法中言天有多种，如欲界六天，色界十八梵天等。兜率陀天，玄奘法师译为睹史陀天，此云知足，以此天受乐知足故。兜率为欲界第四天，此为佛开示弟子作一生不退转之依止处也。现世外道假为弥勒出世、龙华快睹云云，此等魔说不应正理。经，梵语修多罗。佛典有经、律、论之三藏，此属经藏曰经；余如常释。此经翻译者，为宋时——南北朝刘宋非赵宋——一西域居士，名沮渠京声，有历史可考，不同伪译也。

明纲要

佛说此经，在令众生依法修持，往生兜率净土。此净土，是弥勒无量福德、众多天神供养所成，故一生其处即不退转，非若普通之生兜率天也。净土分自受用他受用及变化净土。自，唯自智所证不共之土也；他，则为共净土，系诸佛菩萨为下地诸大菩萨而现者；变化净土，则佛菩萨为凡夫而现。此兜率净土即变化所摄，方便摄受成熟此土欲界人天而化现故。十方诸佛各有种种净土，如弥陀极乐，乃他受用兼变化之净土也。但初阅净土经典者，常作文学观，谓诸净土皆莫须有之事也，系由想象而设，以作精神之寄托；又有研究哲学者之理解，以为净土是假设之目的，如柏拉图之理想国。此等邪说，不应道理，净土实有，理教可证。经云：虚空无边，世界无量。此种事实，在古代尚不易证知，近时科学昌明则证之殊易。如天文学谓太阳系有八大行星，吾人之地球为八行星之一；如此太阳系之世界，空中不知凡几。于此可见科学发达，益知于世界之大，实足以证明佛说之不诬也。世界既多，苦乐应异，如天世界胜人，地狱世界则逊于人，世间苦乐视业力之善染而分之。故超此染界，即有诸佛净土；变化土则为佛与众生间沟通之桥梁。是故净土之有，宁不许耶！

又研究空宗般若者，明一切法皆空，如《心经》“诸法皆空”，与《金刚经》“若以色见我，以音声求我，是人行邪道，不得见如来”；谓一切净土皆空无有。又如经论明“三界唯心”，“万法唯识”，谓内根、外器皆唯识变现，乃至诸佛净土及应众生之变化土亦唯心识，实无净土。生此疑者，要皆未知佛法一贯之理相通而不相背。佛法明空，是即有而空，以一切法皆因缘所生而有，如幻如化无自性故；以物质论，原子、电子皆不能成最后之单位，以众业因缘和合而现。以其无自性也，明一切法空；以其因缘生也，明一切法有；缘生故性空，性空故缘生：由此净土非无，并不碍皆空也。又唯识者，非离去现前人世别有唯心、唯识，乃明即此众缘所生之天地万物皆唯心识，都非越出心识之外故，皆受此心识功用之变化影响故，故曰万法唯识；是故唯心，亦不碍净土之有也。

阿耨多罗三藐三菩提之大果，须广集福德智慧资粮，行菩萨行，始能成办。然人上寿不过百年，命在呼吸，而集资粮以求得生死之自在，事为至急，若不能即得生死自在，则第二生之随业受报，或致迷倒沦堕，前此功德岂不唐捐？佛说净土法门，在令得到一生不退，由众生回向愿力，佛菩萨大悲摄受力，使命终时往生净土中，闻法修行。此与初发大心之凡夫，实最相应也。不退之理，以得常亲近佛菩萨闻法加持故。

十方净土，无量无边，如西方弥陀净土，东方药师琉璃净土，上方众香净土等。《法华经》云："临命终时，千佛授手，十方净土，随愿往生。"故汉地虽专修西方净土者多，而康藏等地则多有遍发往生十方佛净土之愿者，以莫知应择故。

兜率净土，殊胜有三：一、十方净土有愿皆得往生，但何方净土与此界众生最为有缘，则未易知。弥勒菩萨一生补处，以当来于此土作佛，教化此土众生，特现兜率净土与此界众生结缘，故应发愿往生兜率亲近弥勒也。二、兜率净土同在娑婆，同在欲界，变化净土在同处同界，即与此处此界众生有殊胜缘，最易得度。他方净土泛摄十方众生，而此专摄此土欲界众生也。三、弥勒净土是由人上生，故其上生是由人修习福德成办，即是使人类德业增胜，社会进化，成为清净安乐人世；因此可早感弥勒下生成佛，亦即为创造人间净土也。

释经

如是我闻：一时，佛在舍卫国祇树给孤独园。尔时、世尊于初夜分举身放光，其光金色，绕祇陀园周遍七匝，照须达舍亦作金色，有金色光犹如霞云。遍舍卫国处处皆雨金色莲华，其光明中有无量百千诸大化佛，皆唱是言：“今于此中有千菩萨，最初成佛名拘留孙，最后成佛名曰楼至。”说是语已，尊者阿若㤭陈如即从禅起，与其眷属二百五十人俱；尊者摩诃迦叶，与其眷属二百五十人俱；尊者大目犍连，与其眷属二百五十人俱；尊者舍利弗，与其眷属二百五十人俱；摩诃波阇波提比丘尼，与其眷属千比丘尼俱；须达长者，与三千优婆塞俱；毗舍佉母，与二千优婆夷俱；复有菩萨摩诃萨名跋陀婆罗，与其眷属十六菩萨俱；文殊师利法王子，与其眷属五百菩萨俱；天、龙、夜叉、乾闼婆等一切大众，睹佛光明，皆悉云集。

此证信序中，共有五种证信，是当时结集经者所序。一，如是我闻，是信。二，一时，是说时证信。三，佛，是举说主证信。四，在舍卫国祇树给孤独园，是举说处证信。五，放光大众云集，是举同闻众证信。为一切经前通有之序也。

尔时，世尊出广长舌相，放千光明，一一光明各有千色，一一色中有无量化佛。是诸化佛异口同音，皆说清净诸大菩萨甚深不可思议诸陀罗尼法，所谓：阿难陀目佉陀罗尼，空慧陀罗尼，无碍性陀罗尼，大解脱无相陀罗尼。尔时，世尊以一音声说百亿陀罗尼门。说此陀罗尼已，尔时会中有一菩萨，名曰弥勒，闻佛所说，应时即得百万亿陀罗尼门。即从座起，整衣服，叉手合掌住立佛前。

证信序是诸经之通序，如叙说法之处所，说法之时间，说法之主等，则各经皆同；而发起序是各经明各经发起之特别因缘，则不同于他经。此一段明本经发起之因缘，故曰发起序。

世尊，是佛十号中之一号，为世出世间之所尊，故曰世尊。广长舌相，是佛三十二中之一相。世尊之舌伸出时，能覆面额之全部；若以神通力，或覆大千世界，或覆无量世界：此是世尊从无量劫来不恶口、不两舌、不妄言、不绮语之所修得。因此中之法最为甚深，非是凡小所能了解，佛以方便摄受众生，欲令世界难解者解、难信者信，故出此广长舌相，以表明授弥勒菩萨记，济度有缘众生，不妄语也。

放千光明者，以此经功德殊胜，故佛于说此经以前，由舌放光，其光如线有千数之多，显此世界之贤劫中有千佛出世，破众生无明黑暗；而弥勒菩萨，将来亦当在此贤劫千佛中而作佛也。一一光明各有千色，一一色中有无量化佛者，此明有多化佛。一一光中有千颜色，一一色中各有千佛而集其中。各有千色者，是表中千世界各有化佛；一一色中有无量化佛者，是大千世界将来同时而百亿弥勒佛降生也。

是诸化佛异口同音皆说清净诸大菩萨甚深不可思议者，此言化佛而为说法。谓一一化佛皆异口同音说清净诸大菩萨甚深不可思议之法。清净，谓无漏，清净法指初地以上之菩萨，因为皆已证清净真如故名清净。甚深，是微妙义，不可以言议心思，非是妄想分别心所能思量，故曰甚深。陀罗尼，是梵语，此云总持。谓此陀罗尼法，是诸大菩萨所证真实法，以其各各能总摄一切法故，故名总持。

阿难陀目佉陀罗尼，空慧陀罗尼，无碍性陀罗尼，大解脱无相陀罗尼者：阿难陀，此云喜，目佉、名有。谓初地菩萨创证从未证得之诸法本有真实性，成办自他利义之殊胜功德，故生大欢喜；由初地至七地，地地断烦恼证真如，故总云喜有。空慧陀罗尼，至七地菩萨功用究竟，一切法相虽已不能动摇，而于无相之中犹有功用，八地证极第一义空，故名空慧。无碍性陀罗尼，以九地菩萨证得四胜无碍解故。四无碍者，即法、义、词、辩：由法无碍故，能如实了知一切法句；由义无碍故，则能如实自在通达一切法义真如之理；由词无碍故，则能自在施设一切言词；由辩无碍故，则能遍于十方，随其所宜任运而辩。由此四无碍故广摄一切法，于一陀罗尼中能摄无量陀罗尼，非九地菩萨不能证得也。四大解脱无相陀罗尼，此谓十地与等觉菩萨，证得自然作用，所作事业皆获自在无碍，得大解脱。或即四陀罗尼：一、法，二、义，三、忍——能得菩萨无生法忍，四、咒——诸明咒。法，即是能诠之教法，名有；所诠之义理，名空；无生法忍即无碍性，既得无生法忍则于一切诸法悉能通达无碍；诸明咒即大解脱无相，以能解除诸障缚故，不可以妄念分别，名无相也。

尔时世尊以一音声说百亿陀罗尼门者：此是世尊以亲口宣说陀罗尼法。由一音声，说百亿陀罗尼法，而弥勒菩萨即能得百万亿陀罗尼法。亿，即十万之数，此显十地菩萨随意自在也。初地得百法明门，乃至十地得不可说不可说法明门，如理应知。

说此陀罗尼已，尔时会中有一菩萨名曰弥勒，闻佛所说应时即得百万亿陀罗尼者：此明弥勒菩萨悟解过人，释尊以一音声演说百万亿陀罗尼，则弥勒领悟万倍解生，由是故云立时即得百万陀罗尼也。即从座起整衣服叉手合掌住立佛前者，此明启请授记。整理衣服合掌佛前者，是显恭敬诸佛授记，威仪圆满，戒德成就也。

尔时，优波离亦从座起，头面作礼而白佛言："世尊！世尊往昔于毗尼中及诸经藏说，阿逸多次当作佛。此阿逸多，具凡夫身，未断诸漏，此人命终当生何处？其人今者虽复出家，不修禅定，不断烦恼，佛记此人成佛无疑，此人命终生何国土？"

正说分所说，即明序分之因，而此即从序分所由来也。分二：一、外界即器世间，二、内果即有情世间。

此一段乃至生何国土，是明启请。亦从座起者，以见弥勒住立佛前，时优波离亦兴请问，以故称亦。头面作礼者，是以本人之尊而礼世尊之卑，是表憍慢已除，真诚恭敬，显佛最为尊贵故。

往昔佛在毗奈耶中及诸经中，曾言弥勒次于我后即当成佛，故生斯问也。阿逸多，梵语，此云无能胜，即弥勒之名也。

此是优波离以小乘之下器，揣测大乘之上机，不知弥勒是法身大士，故生此疑问也。

佛告优波离：谛听！谛听！善思念之！如来、应、正遍知，今于此众说弥勒菩萨摩诃萨阿耨多罗三藐三菩提记。此人从今十二年后，命终必得往生兜率天上。

谛者，是谛审；听音思理，恐于理不明，令重谛听，故云谛听谛听。极善作意，名善思念。阿耨多罗三藐三菩提，此云无上正等正觉。从今十二年后者，表永超生死十二缘，确示人间命终而上生兜率天上之时节也。

尔时，兜率陀天上有五百亿天子，一一天子皆修甚深檀波罗蜜，为供养一生补处菩萨故，以天福力造作宫殿，各各脱身栴檀摩尼宝冠，长跪合掌发是愿言："我今持此无价宝珠及以天冠，为供养大心众生故，此人来世不久当成阿耨多罗三藐三菩提，我于彼佛庄严国界得受记者，令我宝冠化成供具！"如是诸天子等各各长跪发弘誓愿，亦复如是。时诸天子作是愿已，是诸宝冠化作五百亿宝宫；一一宝宫有七重垣；一一垣七宝所成；一一宝出五百亿光明；一一光明中有五百亿莲华；一一莲华化作五百亿七宝行树；一一树叶有五百亿宝色；一一宝色有五百亿阎浮檀金光；一一阎浮檀金光中出五百亿诸天宝女；一一宝女住立树下，执百亿宝无数璎珞，出妙音乐。时音乐中，演说不退转地法轮之行。其树生果，如玻璃色，一切众色入玻璃色中。是诸光明右旋宛转，流出众音，众音演说大慈大悲法。一一垣墙高六十二由旬，厚十四由旬；五百亿龙王围绕此垣，一一龙王雨五百亿七宝行树，庄严垣上。自然有风，吹动此树，树相振触，演说苦、空、无常、无我诸波罗蜜。

由弥勒五根、五力福业内因，感得五百亿天子以天福力造作宫殿，供养一生补处菩萨。诸天之造宫殿，各各皆以宝衣、宝冠、珍宝化成。栴檀，是香，摩尼，是如意珠，阎浮金，是最胜金。宝女相，表福德庄严。说法声，显智慧庄严。法轮行，是以己所证悟之法而悟众生，令证菩提果也。众音演说大慈大悲法者，菩萨之慈能与乐，悲能拔苦。由旬，即中国之驿站，印度分上中下三品：上为八十里，中为四十里，下为二十里。言六十二由旬，明超六十二见；十四者，超十四不可记法。

尔时，此宫有一大神，名牢度跋提，即从座起，遍礼十方佛，发弘誓愿："若我福德应为弥勒菩萨造善法堂，令我额上自然出珠！"既发愿已，额上自然出五百亿宝珠，琉璃、玻璃一切众色无不具足，如紫绀摩尼表里映彻。此摩尼珠，回旋空中，化为四十九重微妙宝宫；一一栏楯，万亿梵摩尼宝所共合成；诸栏楯间，自然化生九亿天子，五百亿天女；一一天子手中，化生无量亿万七宝莲华；一一莲华上，有无量亿光；其光明中具诸乐器，如是天乐不鼓自鸣；此声出时，诸女自然执众乐器竞起歌舞，所咏歌音演说十善、四弘誓愿，诸天闻者皆发无上道心。时诸垣中有八色琉璃渠，一一渠有五百亿宝珠而用合成，一一渠中有八味水，八色具足，其水上涌绕梁栋间。于四门外化生四华，水出华中如宝华流。

一一华上有二十四天女，身色微妙，如诸菩萨庄严身相；手中自然化五百亿宝器，一一器中诸天甘露自然盈满；左肩荷佩无量璎珞，右肩复负无量乐器，如云住空，从水而出，赞叹菩萨六波罗蜜。若有往生兜率天上，自然得此天女侍御。亦有七宝大狮子座，高四由旬，阎浮檀金无量众宝以为庄严。座四角头生四莲华，一一莲华百宝所成，一一宝出百亿光明，其光微妙，化为五百亿众宝杂华庄严宝帐。时十方面百千梵王，各各持一梵天妙宝以为宝铃，悬宝帐上。时小梵王，持天众宝以为罗网，弥覆帐上。尔时，百千无数天子天女眷属，各持宝华以布座上。是诸莲华自然皆出五百亿宝女，手执白拂，侍立帐内。持宫四角有四宝柱，一一宝柱有百千楼阁，梵摩尼珠以为交络；时诸阁间，有百千天女，色妙无比，手执乐器，其乐音中演说苦、空、无常、无我诸波罗蜜。如是天宫，有百亿万无量宝色，一一诸女亦同宝色。

善法堂，是弥勒菩萨自居及说法之处所。牢度跋提，是梵语，此云恶主；以是治恶之主，天夜叉也。然此大神，表是弥勒之无漏根本智，与有缘众之无漏功德性也。百亿宝珠，亦系由五根、五力之功德而现。九亿天子，显摄九法界之众生。无上道心，即发菩提心。八味水，即八功德水。甘露，是显清凉之法食也。

尔时，十方无量诸天命终，皆愿往生兜率天宫。时

兜率天宫有五大神：第一大神名曰宝幢，身雨七宝散宫墙内，一一宝珠化成无量乐器，悬处空中，不鼓自鸣，有无量音适众生意。第二天神名曰华德，身雨众华弥覆宫墙，化成华盖，一一华盖百千幢幡以为导引。第三大神名曰香音，身毛孔中雨出微妙海此岸栴檀香，其香如云作百宝色，绕宫七匝。第四大神名曰喜乐，雨如意珠，一一宝珠自然住在幢幡之上，显说无量归佛、归法、归比丘僧，以说五戒、无量善法、诸波罗蜜，饶益劝助菩提意者。第五大神名曰正音声，身诸毛孔流出众水，一一水上有五百亿华，一一华上有二十五玉女，一一玉女身诸毛孔出一切音声，胜天魔后所有音乐。

此显弥勒菩萨五分法身功德，五分法身即戒、定、慧、解脱、解脱知见。第一大神即戒；第二大神即定；第三大神即慧，雨出微妙说法音声；第四大神即解脱，能随心自在；第五大神即解脱知见。胜天魔后，谓胜忉利天之阿修罗后也。

佛告优波离：此名兜率陀天十善报应胜妙福处，若我住世一小劫中广说一生补处菩萨报应及十善果者，不能穷尽，今为汝等略而解说。

结明上来所说犹为略说。劫即时分，人寿之一增一减为一小劫也。

佛告优波离：若有比丘及一切大众不厌生死乐生天

者，爱敬无上菩提心者，欲为弥勒作弟子者，当作是观。作是观者，应持五戒、八斋、具足戒，身心精进，不求断结，修十善法；一一思惟兜率陀天上上妙快乐。作是观者名为正观，若他观者名为邪观。

若众生生兜率天亲近弥勒菩萨，即得不退地。小乘专为自利而不利他，观三界如牢狱，视生死如怨家；而发大菩提心者，当不厌生死，欲于三界教化众生。若能精持五戒，勤修十善，由此虽不上生兜率陀天，亦可增长人类道德，促现社会进化以成人间净土也。

尔时，优波离即从座起，整衣服，头面作礼，白佛言：世尊！兜率陀天上乃有如是极妙乐事，今此大士何时于阎浮提没生于彼天？

内果者，即有情世间。外果，即器世间，如兜率天等；内果，如兜率天主、天众等。

正说弥勒上生

佛告优波离：弥勒先于波罗捺国、劫波利村、波婆利大婆罗门家生，却后十二年二月十五日，还本生处结跏趺坐如入灭定。身紫金色，光明艳赫如百千日，上至兜率陀天。其身舍利如铸金像，不动不摇，身圆光中有首楞严三昧，般若波罗蜜字义炳然。时诸人天，寻即为起众宝妙塔，供养舍利。

波罗奈，昔佛成道初转法轮处，此云江绕城。劫波利，此云捉髑髅鬼。波婆利，此云大护。此段明弥勒在印度出生处。印度有四种阶级：一、婆罗门，二、刹帝利，三、吠舍，四、首陀罗。婆罗门，此云净裔，计由梵天口生故极清净。二月十五日涅槃者，如《涅槃经》第三十云：二月春阳，春阳之月梦物生长，种植根栽华果敷荣，江河盈满，百兽孚乳，是时众生贪着乐想忘却有漏皆苦，故世尊于此时涅槃，示现无常以教化之。结跏者，即以双膝趺坐。此定为圣者灭受想定，万缘俱寂，了了常照。舍利，此云坚固。首楞严，此云健行；三昧，即三摩地，此云等持，即定。般若波罗蜜，此云智慧，为证真如根本之智慧也。谓此定慧能摧一切，唯佛及等觉乃可证得之。释迦度生已竟，不复更度，故身分化舍利粒如稻壳，普人天供养。弥勒度生未周，所作未办，故留全身舍利示仍度生也。如铸金像，坐而不卧，表更有所作故。如六祖惠能等肉身不坏，均此意也。

时兜率陀天七宝台内，摩尼殿上狮子床座，忽然化生于莲华上，结跏趺坐。

七宝台，谓七宝所成，即善法堂也。于狮子座莲花上生，显生殊胜。

身如阎浮檀金色，长十六由旬，三十二相、八十种好皆悉具足，顶上肉髻，发绀琉璃色，释迦毗楞伽摩尼

百千亿甄叔迦宝以严天冠。

十六由旬合华里六百四十里，显比兜率天身超一倍故。释迦毗楞伽摩尼者，谓能现种种如意珠，以严饰故。

其天宝冠有百万亿色，一一色中有无量百千化佛，诸化菩萨以为侍者；复有他方诸大菩萨，作十八变，随意自在住天冠中。

此显冠中福德庄严殊胜。十八变者：一、振动，二、炽然，三、流布，四、示现，五、转变，六、往来，七、卷，八、舒，九、众像入身，十、同类往趣，十一、隐，十二、显，十三、所作自在，十四、制他神通，十五、能施辩才，十六、能施忆念，十七、能施安乐，十八、放大光明。一一色中有无量百千化佛，诸化菩萨以为侍者，如《法华·多宝佛塔品》明一佛一侍者是也。

弥勒眉间有白毫相光，流出众光作百宝色；三十二相，一一相中五百亿宝色；一一好亦有五百亿宝色；一一好相艳出八万四千光明云。

八万四千光明云，显八万四千功德，对治八万四千烦恼。三十二相、八十种好，广详法数，文繁不述。

与诸天子各坐华座，昼夜六时常说不退转地法轮之行。经一时中，成就五百亿天子令不退转于阿耨多罗三藐三菩提。如是处兜率陀天，昼夜恒说此不退转法轮，度诸天子。

不退有四：在十信位之第六信，谓之信不退，以信成就故；十住中之第七住，解行成就谓解不退；十地中之初地，证真如法性，谓之证不退；第八地念念自在，谓之念不退。阎浮提，此云胜金，此土以黄金为最胜故。

阎浮提岁数五十六亿万岁，尔乃下生于阎浮提，如弥勒下生经说。

弥勒下生，如弥勒下生经说。五十六亿万岁，依《俱舍论》，合此世界五十七亿六万岁，此亿以千万为数。故外道谣言弥勒下生，不足凭信。然弥勒往往应化人间，如唐时布袋和尚之应化于四明山是也。

详说往生修行法门

佛告优波离：是名弥勒菩萨于阎浮提没生兜率陀天因缘。佛灭度后，我诸弟子若有精勤修诸功德，威仪不缺，扫塔涂地，以众名香妙华供养，行众三昧，深入正受，读诵经典。

往往兜率亦有三品九等。六事者：一、布施，谓精勤修诸功德；二、持戒，谓威仪不缺，无所毁犯；三、忍辱，谓扫塔涂地，苦行难行；四、精进，谓以众名香妙华供养；五、禅定，谓行众三昧深入正受；六、智慧，谓持诵经典，遍学无上法故。

如是等人，应当至心，虽不断结如得六通。应当系

念念佛形像，称弥勒名。如是等辈，若一念顷受八戒斋，修诸净业，发弘誓愿。

不断诸结故非小乘，得六神通故异凡夫。念佛形相，谓佛佛道同。弥勒三十二相，八十种好，与佛无异，故念佛以念弥勒也。

命终之后，譬如壮士屈申臂顷，即得往生兜率陀天，于莲华上结跏趺坐。

明以念佛、称名、八斋等功德为加行，回向决定往生。

百千天子作天伎乐，持天曼陀罗华、摩诃曼陀罗华以散其上，赞言："善哉！善哉！善男子！汝于阎浮提广修福业来生此处，此处名兜率陀天，今此天主名曰弥勒，汝当归依！"

阎浮众生所修福德，为诸天之所赞叹。曼陀罗华，即适意华。摩诃，是大。

应声即礼，礼已，谛观眉间白毫相光，即得超越九十亿劫生死之罪。是时菩萨随其宿缘为说妙法，令其坚固不退转于无上道心。

生兜率天，修大乘六度行，证无上法，故不退转。且得随说宿缘忆知前世因，使更为不退，以信心坚固故。

如是等众生，若净诸业行六事法，必定无疑当得生于兜率天上，值遇弥勒；亦随弥勒下阎浮提，第一闻法。

于未来世值遇贤劫一切诸佛，于星宿劫亦得值遇诸佛世尊，于诸佛前受菩提记。

星宿劫在贤劫之后，谓此界坏后所成之世界也。六度行全分修得上品上生，多分修得上品中生，少分修得上品下生。

佛告优波离：佛灭度后，比丘、比丘尼、优婆塞、优婆夷、天、龙、夜叉、乾闼婆、阿修罗、迦楼罗、紧那罗、摩睺罗伽等，是诸大众若有得闻弥勒菩萨摩诃萨名者，闻已欢喜、恭敬、礼拜，此人命终，如弹指顷即得往生，如前无异。但得闻是弥勒名者，命终亦不堕黑暗处、边地、邪见、诸恶律仪；恒生正见，眷属成就，不谤三宝。

此显往生兜率净土之易。谓闻名欢喜、恭敬礼拜，此人决得往生中品上生；闻名礼拜欢喜，决得往生中品中生；闻名欢喜，决得往生中品下生。即闻名而不欢喜恭敬礼拜，亦可不生恶道，常为善法之所摄也。

佛告优波离：若善男子、善女人，犯诸禁戒，造众恶业，闻是菩萨大悲名字，五体投地诚心忏悔，是诸恶业速得清净。未来世中诸众生等，闻是菩萨大悲名称，造立形像，香、华、衣服、缯、盖、幢、幡，礼拜、系念：

明犯戒造罪者不碍往生，只须发露忏悔，誓断一切恶，誓修一切善。犯戒，谓已受戒众；造众恶业，谓未受戒众。未来众生闻弥勒名，或造像，或以香花衣服供养，或礼拜，或系念，或忏悔者，修此五事即得下品上生；修此四事，即得下品中生；修此三事，即得下品下生。

此人命欲终时，弥勒菩萨放眉间白毫大人相光，与诸天子雨曼陀罗华来迎此人，此人须臾即得往生。

此显弥勒放光接引，对于罪重者弥加慈摄也。

值遇弥勒，头面礼敬，未举头顷便得闻法，即于无上道得不退转，于未来世得值恒河沙等诸佛如来。

无上道即大乘菩提。极乐上品中生，先得小果；下品中生，须多劫修，始得见佛。此显兜率净土殊胜，一生即得闻法证大乘不退地。

举德普劝往生

佛告优波离：汝今谛听！是弥勒菩萨于未来世当为众生作大归依处！若有归依弥勒菩萨者，当知是人于无上道得不退转。弥勒菩萨成多陀阿伽度、阿罗诃、三藐三佛陀时，如此行人，见佛光明即得授记。

弥勒位居补处，故为当来众生作大归依。在释尊遗教中，闻南无佛三字皆为摄受，故一见金光者即得授记作佛也。

佛告优波离：佛灭度后，四部弟子、天、龙、鬼、神，若有欲生兜率陀天者，当作是观：系念思惟，念兜率陀天，持佛禁戒，一日至七日思念十善，行十善道，以此功德回向愿生弥勒前者，当作是观。

四：四众弟子，谓比丘、比丘尼、优婆塞、优婆夷。部：八部，即天、龙、夜叉、乾闼婆等。当作是观者，谓作弥勒兜率依正庄严之观。

作是观者，若见一天人、见一莲华，若一念顷称弥勒名，此人除却千二百劫生死之罪。但闻弥勒名，合掌恭敬，此人除却五十劫生死之罪。若有礼敬弥勒者，除却百亿劫生死之罪。设不生天，未来世中龙华菩提树下，亦得值遇发无上心。

称念阿弥陀佛灭八十劫生死，称念弥勒灭千二百劫生死，此显弥勒功德殊胜。乃至闻名恭敬等，即得无量殊胜福德。

闻法发愿上生

说是语时，无量大众即从座起，顶礼佛足、礼弥勒足，绕佛及弥勒菩萨百千匝。未得道者，各发誓愿：“我等天人八部，今于佛前发诚实誓，愿于未来世值遇弥勒，舍此身已皆得上生兜率陀天！”世尊记曰：“汝等及未来世修福持戒，皆当往生弥勒菩萨前，为弥勒菩萨之所摄受。”

此显当时闻法大众发心求上生。

佛告优波离：作是观者，名为正观；若他观者，名为邪观。

结成内果之正观也。

尔时，尊者阿难即从座起，叉手长跪白佛言：“世尊！善哉世尊！快说弥勒所行功德，亦记未来世修福众生所得果报，我今随喜。唯然！世尊！此法之要云何受持？当何名此经？”佛告阿难：“汝持佛语，慎勿忘失！为未来世开生天路，示菩提相，莫断佛种。此经名弥勒菩萨般涅槃，亦名观弥勒菩萨生兜率陀天劝发菩提心，如是受持！”

兜率变化土为等觉大士示现作众人之归依处，一生即得不退，是故欲生净土，唯此最宜。愿诸大众，发愿上生皆不退转！凡发大心之士，勉之！勉之！

佛说是语时，他方来会十万菩萨得首楞严三昧，八万亿诸天发菩提心，皆愿随从弥勒下生。说是语时，四部弟子、天龙八部，闻佛所说，皆大欢喜，礼佛而退。

此是结集经人所序，明听法天人众，皆发愿随弥勒下生。得首楞严三昧，此是等觉菩萨。八万亿诸天发菩提心，是初发心菩萨。此总显由初发心至等觉诸菩萨也。皆大欢喜，此是总结四部弟子能信受奉行也。

佛法是由信受了解而切实修行，始获法益。望在座大众，自今日起，如教解理，如理修行；不但参加今日终了之法会，而将来参加兜率法会，龙华法会，以至贤劫千佛法会，星宿劫千佛法会等，法会永永无尽矣！（苇舫、清虚合记）

（见海刊十三卷十二期）

2　佛说弥勒下生成佛经讲要

太虚

释经题

说此“佛说弥勒下生成佛经”者，为释迦牟尼佛。其动机，则因舍利弗尊者向佛请问一生补处之弥勒菩萨，当来成熟有情而下生南阎浮提成佛说法之情形如何，佛乃在灵鹫山中为说此经。故此经首标佛说，即指释迦牟尼佛所说也。

佛，是十方诸佛之通称。梵音佛陀，或浮屠，亦作佛陀耶，中国译作觉者。但此与菩提译觉不同，菩提译觉是指“法”言，佛陀译觉者乃指“人”言；法住法位无人格性，人和合假有人格性。又此觉者的觉，非常人泛泛之觉，乃是成就阿耨多罗三藐三菩提之觉，换句话说，即是无上遍正觉。由成此觉，对于宇宙诸法之性相皆得其真实之觉悟，谓之自觉；更能宣说此自证自觉之法，使众生证其所证，觉其所觉，谓之觉他；由此自觉觉他之觉行圆满，方谓之无上遍正觉之佛陀耶。虽大乘圣位菩萨亦能自觉觉他，而其功行未能圆满无上；故能得无上遍正觉，三觉圆，万德具，斯谓之佛矣。

佛说者，佛本无法可说，为悟他故，方便善巧，故有所说。以佛自证法界，一真圆满，心言处冥，拟议路绝，迥非文字语言之相可得，《法华》所谓："诸法寂灭相，不可以言宣。"然诸佛因鉴众生迷昧诸法性相之真理，妄造惑业，无始劫来流浪生死枉受众罪，故在本因地中修行时，即发大愿，必以自证觉法觉众生。满其本愿，称其本怀，故于无分别中而起分别，无言说中而有言说，三藏教典，于焉生于宇宙间，普使后世众生，秉法修习，同入觉境。佛说甚广，此中即说弥勒下生成佛之胜事。弥勒是菩萨之姓，如今佛之姓释迦；其名为阿逸多，译云无能胜，表其慈心广大无能超胜者。弥勒译云慈，亦如释迦之译能仁，简之则曰能，而弥勒具言亦作慈氏。弥勒以慈为姓者，具大因缘，故不但因地以慈为姓，即至果位犹名弥勒。至其慈氏因缘，诸经论中言之详矣。《心地观经》云："弥勒菩萨慈氏尊，从初发心不食肉、"即此二句，已足以显明弥勒得名之由来矣。盖弥勒久远劫来，常修慈心三昧，观察一切众生本性平等，所谓“我肉众生肉，名殊体不殊”，以是最初发心，即不食肉。不食肉即慈心，为佛弟子修养佛心之根本基础。然今佛法流行之处所，如西藏、蒙古、日本、暹罗、锡兰、缅甸等，因风俗之差异，佛徒多肉食者；唯中国佛徒，则极重戒杀放生之素食；凡不肉食者，皆可谓之修弥勒行者。因此，弥勒菩萨与中国众生亦特别有缘，应化事迹，斑斑可考；如六朝时现居士身于义乌，假名傅翕，与梁武帝说法，著有《心王铭》与《法身颂》，传诵千古。五代时先在福建莆田现身，继应化布袋和尚于浙江奉化，名长汀子，赤名契此，谥定应大师。是等应化，皆足证菩萨与此国众生有大胜缘也。下生成佛者，是对上生兜率而言。《上生兜率经》中，明弥勒如何从此灭彼生，成为一生补处菩萨；此经则明弥勒如何从彼天上灭、而下生此土人间，为最后身菩萨以至于成佛。然《上生经》中固亦已说明弥勒十二年后生天，经若干岁即下生南阎浮提成佛说法度生也。

所谓成佛，究竟成如何之佛？泛言即身成佛或立地成佛等，究何所指？须知所谓成佛，非指相好而言，亦非指神通而言。若以相好言成佛，则铁轮王及诸天人皆已成佛；若以神通言成佛，则五通神鬼亦已成佛。故成佛，质言之，即成福智两足尊之佛，成无上正遍觉之佛，除此以外，即在未成佛之前之最后身菩萨亦属三界异熟报所摄，况乎其下者哉！而今言弥勒所成之佛，乃是弥勒在龙华菩提树下最后身所成福智圆满之究竟佛，非通常之泛言成佛。因真正成佛，至少亦要于一三千大千世界教化独尊，决非反掌而成、垂手而得之易事也。

通常纪念佛诞，皆用佛降生日，如纪念释迦佛，必在四月初八日。确实言之，纪念宜于佛成佛日，因佛降生日尚为最后身菩萨，尚未成佛，如十四之月犹未极圆，至真正成佛，须在圆满四智菩提之自受用身与清净法界无二无别，万德庄严，光明显现，如十五夜之月光被万象。故纪念非不宜于佛降生日，不过降生日之身乃菩萨之最后身，而成佛日之身乃由异熟报空所成不思议无漏善常之大牟尼身，得未曾有，人天同庆，于是纪念之，庆祝之，始有殊胜义也。

释迦为能说之人，弥勒下生为所说之义，也即是所诠义理；而诠此所诠义理之能诠文字集成一部，是之谓经。经之梵语为“修多罗”，译为契经，即上契十方诸佛所说之真理，下契九界众生所宜之根机也。

此经在藏经中有三四种译本，其梵文原本自有两种；一为阿难请问而说，一为舍利子请问而说。详略虽不同，大旨相仿佛；中国于两种原本皆有译本。此经标“唐三藏法师义净奉制译”者，乃李唐中宗皇帝时代译来，译者为义净三藏法师。三藏即经律论，此法师既学穷三藏，以法自师，复能宣三藏之法为人之师，由此得名三藏法师。义净三藏，后玄奘数十年，因慕玄奘之高风，步其芳尘，策杖西游，访道求法；归赉梵本，从事译著。其译本最多者，为三藏中之律藏，如一切有部律等。译界中奘师后首屈一指者，即推此师。而其译时亦非私人发起，乃奉时皇之诏制，在公共译场中公开译出。由此举译者名，即可证明此经为佛自亲口所说，佛子亲手所译，足以启后世之信仰也。

明大意

释尊说法原为契理契机，契理则所说之法与先佛后佛所同证同说，故通；契机则诸佛说法各别逗机，如此经是为契阎浮众生之机而说，故别。且依此经说契机之别意，略显二种：

一、此经先明弥勒佛世之依正庄严，国土如何妙丽严净，众生善根如何深厚，及下生时如何相好，弟子之众多等，使闻者信心与羡慕心油然而生，发愿归依。如通常所谓“龙华三会愿相逢”，启迪正信，引入佛智，此为第一义也。

二、此经中说，若有众生在释迦佛法中或持戒，或修禅，或念佛，或布施供养，或恭敬体拜，乃至合掌低头，已种少许善根而未得度者，龙华三会皆能闻法证果。良以弥勒补释迦之位，释迦未了之事业与未度之众生，皆已付嘱于弥勒，故吾等众生，无论修何种行门，其力未充，或愿往生他方净土，弥勒咸能以神通愿力助导令成。由是可知弥勒实是释迦遗法中之大归依处，为本经之第二意旨。

释经

如是我闻：一时薄伽梵在王舍城鹫峰山上，与大苾刍众俱。

古来解此证信序有二种：一、龙树《大智度论》解作六种成就：如是，信成就，我闻，闻成就，一时，时成就，薄伽梵，是说主成就，王舍城鹫峰山，是说处成就，与大苾刍众俱，是听众成就；二、亲光《佛地经论》解作五重证信，谓如是之言，指贯全经，不另别立，至我闻为亲闻证信，乃至大苾刍众俱是听众证信。要之，此文为集结经典者所安立，或五或六，皆以断后人之疑而证成其信也。

我闻之我，乃结集本经者自称，言如是之经，佛口亲说，我所亲闻，非道听途说辗转由他而闻。一时，即机教相扣，说听俱周之时；因佛说法时而天上、时而人间等不定，故不定说某年某月某日；况当时各国日历各别，举之反有误也。薄伽梵，共有六义，其最著者为世尊，言佛为圣中之圣，天中之天，世出世间最极尊贵。王舍城鹫峰山，即印度王舍城之鹫峰山，为佛说法之处所。王舍城者，以其地空荒，先由王筑舍而居，后人民集居而成聚落，由此得名。鹫峰山亦作灵鹫山，以其山峰尖形如鹫鸟之嘴故。苾刍，译音，与比丘同，译有乞士、破恶、怖魔等义，而以乞士为主；乞士者，乞食以资身命，乞法以资慧命也。总之，举此等文，皆不外证信也。

尔时，大智舍利子法将中最，哀愍世间，从座而起，偏袒右肩，右膝着地，合掌恭敬而白佛言：世尊！我今欲少谘问，愿垂听许。佛告舍利弗：随汝所问，我当为说。

此为发起序。前说证信序，以使结集流通于后世的；此发起序，明佛说此经缘起之动机。诸佛说法之缘起，本无刊定，有因弟子请问而说，有先放光现瑞而后说法，有无问而自说；而释迦佛说此经，则由舍利子请问而说。舍利子是华梵合璧，舍利，华云鹙，为舍利子之母名；子，即梵言之弗。故舍利子即依母得名，如言某人之子。此舍利子为佛弟子中智慧第一，能以佛法战伏魔军，故言法将中最。偏袒右肩，右膝着地，为印度古时礼佛仪式，皆表身业清净；恭敬白佛，表口业清净；恭敬二字，亦表意业清净。三业清净，一心至诚，又为哀愍世间众生恳佛说法，故能感佛之赞许焉。

时舍利子即以伽陀清世尊曰：大师所授记，当来佛下生，彼号为慈氏，如前后经说；唯愿人中尊，伽陀重分别，彼神通威德，我今乐欲闻！

具云伽陀，简之曰偈，译云颂，或五字一句、七字一句等无定，如中国之古诗，虽无平仄，韵律亦甚分齐。此有二种：曰重颂，曰孤起颂；重颂在长行之下，此未说长行即举偈颂，孤起颂也。

大师，系舍利子对佛之尊称，佛为三界导师四生慈父故。佛在前后诸经律中所说授记慈氏之事，已不只一次二次，唯于慈氏下生之后，其神通威德等依正庄严如何，舍利子等大众尚不得而知，故舍利子即代表全体大众，愿乐欲闻，求佛解说。

佛告舍利子：应至心谛听！当来慈氏尊，为汝广宣说。

佛感舍利子之悲愿，为众生故恳请说法，故即许可之，并诫其谛听；谛听即如实而听，如理作意。

尔时大海水，以渐减三千二百逾缮那，为显轮王路。赡部洲纵广，有万逾缮那，有情住其中，在处皆充满。国土咸富盛，无罚无灾厄；彼诸男女等，皆由善业生。

地无诸棘刺，唯生青软草，履践随人足，喻若睹罗绵。自然出香稻，美味皆充足。诸树生衣服，众彩共庄严；树高三拘舍，花果常充实。时彼国中人，皆寿八万岁，无有诸疾苦，离恼常安乐，具相悉端严，色力皆圆满；人命将终尽，自往诣尸林。城名妙幢相，轮王之所都，纵十二由旬，广七由旬量，其中所居者，皆曾植妙因；此城有胜德，住者咸欢喜。楼台并却敌，七宝之所成；关钥及门庭，种种宝严饰；绕堞诸隍堑，皆营以妙珍。名华悉充满，好鸟皆翔集。七行多罗树，周匝而围绕，众宝以庄严，皆悬网铃铎；微风吹宝树，演出众妙声，犹如奏八音，闻者生欢喜。处处有池沼，弥覆杂色华，园苑擢芳林，庄严此城郭。

此中共有十四颂半文，广明弥勒佛土之依报庄严。

当弥勒成佛时之国土，大海水量减少，陆地增广。如今南阎浮提之地球，三分之二是水，一分是陆地，只有七千逾缮那，将来则反是，水量既减三千二百逾缮那，南赡部洲陆地之纵横，即增至一万逾缮那，故能显出轮王之大路。“逾缮那”，即由旬，如中国古代之驿站。一由旬等中国八十里，或六十里，或四十里。赡部洲即阎浮提，译云最胜金，出最胜金故。轮王，即转轮圣王，其别有四：曰金轮王，曰银轮王，曰铜轮王，曰铁轮王。铁轮王王一天下，铜轮王王二天下，银轮王王三天下，金轮王王四大部洲。至弥勒佛时即有轮王出现，国土富盛，绝诸灾罚，因众生皆由十善业力得生其地。福报既大，想衣衣来，念食食至，天然香稻皆可充膳，诸树丛林尽是衣服，举凡今世饥寒冻馁为人民所争执之衣食问题，皆解决无余矣。

复次，其树之高可三拘舍，人寿之长有八万岁。拘舍亦作俱卢舍，一俱卢舍为一里，然较中国里大，如今日本一里可作中国六里，英国一里可作中国三里，可见其树之高大也。至人寿增至八万岁，正金轮兴世之时，人民由善业感善报，故无疾苦，常得安乐；且临命终时，亦自有把握，往诣尸林死去，非若吾人死时罔无所知，死后要人以抬棺材也。

上综言整个国界之严丽，自妙幢相城下，明此世界中之大都城。其城纵十二由旬，近中国千里，广七由旬，近中国六百里。却敌，即城头退却敌人的一种设备。七宝，即金、银、琉璃、玻璃、珊瑚、玛瑙、琥珀。堞，即雉堞。隍堑，即围绕城外之水河岸。八音，即如来所得八种音声：一、极好音，佛德广大故，使皆入于好道；二、柔软音，佛德慈善故，使之喜悦，皆舍刚强之心而自然入于行律；三、和适音，佛居中道之理，故音声能调和，使皆和融自会于理；四、尊慧音，佛德尊高，故闻者尊重，智解开明；五、不女音，佛住首楞严定，有离欲之德，其音声超异一切，天魔外道无不归服；六、不误音，佛智圆明，照了无谬，使闻者各各得正见，离九十五种之邪非；七、深远音，佛智如实穷际行位极高，其音声由脐而起，彻至十方，使近闻非大，远闻非小，皆证甚深之理；八、不竭音，如来极果愿行无尽，以住于无尽之法藏，故其音声滔滔无尽，其响不竭，使能寻其语义，得无尽常住之果。今言贝多罗树——译云坚固树，悬诸铃铎，众宝庄严，微风吹动，如奏八音，正堪与西方极乐境界相比拟。又此八音，若以中国八音言，即金、石、丝、竹、匏、土、革、木。此微风吹树，乃天然之音乐也。

国中有圣主，甚名曰饷佉，金轮王四洲，富盛多威力。其王福德业，勇健兼四兵；七宝皆成就，千子悉具足，四海咸清肃，无有战兵戈；正法理群生，设化皆平等。王有四大藏，各在诸国中，一一藏皆有，珍宝百万亿：羯陵伽国内，藏名冰竭罗；蜜绨罗国中，般逐迦大藏；伊罗钵罗藏，安处犍陀国；婆罗痆斯境，藏名为饷佉。此诸四伏藏，咸属饷佉王。百福之所资，果报咸成就。辅国之大臣，婆罗门善净，四明皆晓达，多闻为国师；博通诸杂论，善教有闻持，训解及声明，莫不咸究了。

此言国主，梵名饷佉，此译云贝；显金轮王能具诸宝贝功德。金轮王能王东西南北四大部洲，盖此王兴世，四洲一统，为其管领。因王因中广修十善业道，果上具诸功德。四兵，即象、马、车、乘，皆表王能具诸如此类之威德，非用以战争也。此七宝为金轮王七宝，与前金银等七宝不同，即：一、轮宝，二、象宝，三、马宝，四、女宝，五、将军宝，六、主藏宝，七、如意宝是也。王不但有七宝，且有千子。不但有千子，且有四大宝藏：一、羯陵伽国亦作迦陵频伽国，有藏名“冰羯罗”，此为鬼子母名，以其藏有鬼子母神守护名之；二、密缔罗，译作多麋鹿之国，有藏名“般逐迦”，亦作半择迦，译为不男黄门，即有黄门之人守护名之；三、犍陀国有“伊罗钵罗藏”，伊罗钵罗是龙名，即龙神守护之藏也；四、婆罗痆斯境，即波罗奈国，有藏近于王处故，即得名为饷佉。此四宝藏，皆为王有，所谓百福所资，果报成就。

上明王之胜报，下有八句明王之辅翼。印度古有四姓阶级：曰婆罗门，曰刹帝利，曰吠陀，曰首陀罗。婆罗门族是第一等人物，译净裔，自云从梵天口生，清净无比，操纵一切；第二等即刹帝利族，从梵天两肩生，能以武力保护国权完整；第三吠陀族，从梵天脐生，显其能作种种资生事业；第四首陀罗族，谓自梵天脚生，种姓下劣，遣作奴隶生活；此印度四姓阶级之不平等，故感后来佛教之产生也。此大臣善净，即婆罗门净种，通达四明博学诸论。印度谈学问，原有五明，即内明、因明、工巧明、声明、医药明。此言四明，乃婆罗门之四吠陀——译云明：一、梨俱吠陀，二、夜柔吠陀，三、阿闼婆吠陀，四、沙磨吠陀是也。声明即五明之一。

有女名净妙为大臣夫人，名称相端严，见者皆欢悦。

前文明佛未下生前之国土庄严，此文明佛下生时，说法度生之情事。佛既下生，又复说法，自然不无秉教修行者，三宝福田于是乎具于世矣。此时阎浮众生，广修十善之结果，国土严净，绝诸苦疾，故感大圣慈氏之下生。净妙者，即善净之夫人，慈氏之生母也；布施欢喜；富堪敌国，相貌端庄，人见钦敬！

大丈夫慈氏，辞于喜足天，来托彼夫人，作后身生处。既怀此大圣满足于十月，于是慈尊母往趣妙花园；至彼妙园中，不坐亦不卧，徐立攀花树，俄诞胜慈尊。尔时最胜尊，出母右胁已，如日出云翳，普放大光明！不染触胞胎，如莲花出水；光流三界内，咸仰大慈辉。

大丈夫为佛十号之一，亦作无上丈夫调御士，显佛具大雄大力之精神，荷担事业，大智大悲之愿行救度众生；此大丈夫即指慈氏。喜足天亦译知足，即都史陀天，亦作兜率陀，因彼天中一切自在快乐故。然昔释迦降生于国王家，今弥勒何以降生国师家耶？盖释迦生减劫之世，众生心性刚强，难调难伏，故方便而生王家，假威势以出家，感化众生；今弥勒生于增劫之时，世界升平，人民乐善，故生国师家，以教化为主，不尚武力也。弥勒既降生投胎已，福力所致，净妙夫人亦如摩耶夫人，攀花树而从右胁诞生世尊。如日开云翳，白光四彻；如莲出污泥，清洁无匹，故能惊动三界——欲界、色界、无色界，人天赞仰也。

当尔降生时，千眼帝释主躬自擎菩萨，欣逢两足尊！菩萨于此时，自然行七步，而于足履处，皆出宝莲华。遍观于十方，告诸天人众："我此身最后，无生证涅槃。"龙降清凉水，澡沐大悲身；天散殊妙华，虚空遍飘洒；诸天持白盖，掩庇大慈尊；各生稀有心，守护于菩萨。褓母擎菩萨，三十二相身，具足诸光明，捧持来授母。御者进雕辇，皆用宝庄严，母子升其中，诸天共持舆；千种妙音乐，引导而还宫。慈氏入都城，天华如雨落。慈尊诞降日，怀妊诸婇女，普得身安隐，皆生智慧男。善净慈尊父，睹子奇妙容，具三十二相，心生大欢喜！父依占察法，知子有二相；处俗作轮王，出家成正觉。

帝释，即忉利天——此云三十三天——天主，梵名释提桓因，或释迦因陀罗，译云能天主。具千眼，用能观一四天下，犹如千眼观音。当时弥勒降生之时，帝释领导诸天，以手擎弥勒菩萨，授之菩萨之母，俨如接生者。既脱胎后，诸天神众又鸣音乐，拥护母子还宫。同时，菩萨诞生之日，必有随从者托诸宫女之胎随之诞生，而因菩萨福力，诸怀妊娠女皆得安然产生具大智慧之婴男也。

善净婆罗门是菩萨之父，前云："四明皆晓达，博通诸经论"，故能占察相法，一见其子即知其处俗作轮王，出家成正觉。

菩萨既成立，慈愍诸群生，众苦险难中轮回常不息。金色光明朗，声如大梵音，目等青莲叶，支体悉圆满，身长八十肘，二十肘肩量，面广肩量半，满月相端严。菩萨明众艺，善教受学者，请业童蒙等，八万四千人。

菩萨既长大成立，因常修慈心三昧，故能哀愍众生处轮回险难中。其相好端严无比，颜色如金光，声如大梵天之音，目如青莲花之叶，身长八十肘，肩量二十肘，面广十肘。一肘等中国二尺半，身丈八十肘，即有三十二丈高。因其时人寿八万岁，非如吾人之短命，故身量高广，亦当然事耳。

复次，菩萨生大臣家，以教化为主，彼父既善四明，故菩萨亦熟习众艺，因此受业童蒙，举其多数言之，亦有八万四千人也。

时彼饷佉王，建立七宝幢，幢高七十寻，广有寻六十；宝幢造成已，王发大舍心，施与婆罗门，等设无遮会。其时诸梵志数有一千人，得此妙宝幢毁拆须臾顷；菩萨睹斯已，念世俗皆然。生死苦羁笼，思求于出离，祈诚寂灭道，弃俗而出家；生老病死中，救之令得出。慈尊兴愿日，八万四千人，俱生厌离心，并随修梵行。于初发心夜，舍俗而出家，还于此夜中，而升等觉地。时有菩提树，号名曰龙华，高四逾缮那，蓊郁而荣茂，枝条环四面，荫六拘卢舍；慈氏大悲尊，于下成正觉。

此言弥勒菩萨出家之因缘。因当时饷佉王发大舍施心，以珍宝建筑高广六七十寻——一寻八尺——之宝幢，开无遮大会，布施诸婆罗门梵志；不料诸梵志贪欲方炽，各欲得而有之，乃将如此庄严妙丽之宝幢拆毁于须臾之间。菩萨见之，感悟世间有为之法皆如此幢败坏无常，因动出尘之念，弃俗出家，求寂灭道。寂灭道者即五住究尽，二死永亡，所证得之不生不灭的菩提涅槃也。时有许多众生，因感菩萨出家亦随之出家，即于初发心夜得证等觉果地。然释迦佛世，佛及众生修行证道，须历种种苦行，今此成佛，何其速耶？良以减劫众生，福慧薄弱，故须如释迦经六年或十年苦行而成道；今处增劫，故当下成佛，即升无上正觉等地焉。弥勒菩萨至是龙华菩提树下，始成阿耨多罗三藐三菩提佛果也。

于人中尊胜，具八梵音声；说法度众生，令离诸烦恼。苦及苦生处，一切皆除灭；能修八正道，登彼涅槃

岸。为诸清信者，说此四真谛，得闻如此法，至诚而奉持。于妙华园中，诸众如云集，满百由旬内，眷属皆充满。彼轮王饷佉深妙法已，罄舍诸珍宝，祈心慕出家；不恋王宫闱，至求于出离；八万四千众，咸随而出家。复八万四千婆罗门童子，闻王舍尘俗，亦来求出家；主藏臣长者，其名曰善财，并与千眷属，亦来求出家；宝女毗舍佉，及余诸从者，八万四千众，亦来求出家；复过百千数，善男善女等，闻佛宣妙法，亦来求出家。

人中尊，即指弥勒，因弥勒既已成佛，故为人中最尊胜者。其说法时具八梵音，八梵音即前说八音。其所说法不外苦、集、灭、道四谛。苦，即是苦谛。苦生处，即是集谛，明苦乃由烦恼积集而成。欲灭此集谛烦恼之因，断除苦谛之果，须修道谛，道谛简要言之即正见、正思惟、正语、正业、正命、正精进、正定、正慧。修此道谛故，即证灭谛；灭除一切苦集烦恼，证得无余涅槃，是之谓四真谛。自佛说此四真谛后，听众感佛法之难遭难遇，咸皆相率发心出家，先饷佉王众出家，次婆罗门学者众出家，次主藏臣大富长者众出家，次女众等亦出家；可见佛化感人之深也。

无上天人尊，大慈悲圣主，普观众心已，而演出要法。告众："汝应知！慈悲释迦主教汝修正道，来生我法中；或以香、华、鬘、幢、幡、盖、严饰，供养牟尼主，

来生我法中；或郁金、沉水香泥用涂拭，供养牟尼塔，来生我法中；或归佛法僧，恭敬常亲近，当修诸善行，来生我法中；或于佛法中受持诸学处，善护无缺犯，来生我法中；或于四方僧施衣服、饮食，并奉妙医药，来生我法中；或于四斋辰及在神通月，受持八支戒，来生我法中。”

无上、天人尊、大慈悲圣主，皆指弥勒佛之德号，无上即十号中之无上丈夫，天人即十号中之天人师，尊即十号中之世尊是也。大慈悲者，正显佛具大慈大悲。然慈悲心亦有广狭深浅之殊，亲疏厚薄之别：如凡夫众生，举心动念，念念以自我为中心，故见他人与之对峙，若修慈悲观慈视众生，此从分别心中所显之慈悲，是之谓生缘慈；若二乘人或大乘菩萨，由我空法空所显之慈悲，是之谓法缘慈；至于佛之慈悲，无能所，绝对待，普观一切犹如虚空，是之谓无缘大慈，同体大悲；故称佛为大慈悲圣主。此大慈悲圣主之弥勒佛，既为众生开示法要已，复告以彼等众生生此龙华会中之来历，是由于在释迦佛法中努力修行故得是果，即教诸众生饮水思源之意也。然诸众生虽同感龙华之果，而其在释迦佛法中各自修因，不无差别：或佛世时亲以香、花、幢、幡等供佛而生弥勒法中；或佛灭后以郁金香、沉水香、香泥等供养，或塑画佛像与塔庙，由此得生弥勒法中；或归依三宝，广修五戒、十善、四摄、六度等行门，由此而生弥勒法中；或于佛法中受持毗尼诸所学处，精严戒律，由此而生弥勒法中；或布施衣食于四方之云水僧——如今兴丛林开海单广结良缘，并供奉医药、卧具等，由此得生弥勒法中；或持四斋——即初八、十五、二十三、三十，依中国惯习则在初一、十五、初八、二十三，若加十四、二十九是谓六斋，再加初一、十三、二十八、十六是谓十斋日——等，由此功德而生弥勒法中；或于神通月——南阎浮提每年中正月、五月、九月为神通月，因忉利天主与四天王等于此三月中，以神通力观察阎浮众生为恶为善而赏善罚恶，功德倍之——受持八支斋戒：一、不杀，二、不盗，三、不淫，四、不妄语，五、不饮酒，六、不坐高广大床，七、不观戏跳舞，八、不香花涂身；加不过午食为斋，此八支戒为在俗者暂时所受之出家戒，由此因缘而生弥勒法中；是等皆言诸众生修因之差别也。

或以三种通，神境、记、教授，化道声闻众，咸令烦惑除。

以上或以香花鬘等六颂，通言在会众生宿生归依三宝，依法修行，而得往生；此颂乃颂弥勒为现前大众，现三种神通而教化之。或以身轮所现之神境通，使之断惑证果；或以意轮所现之记心通，使之断惑证真；或以口轮所现之教诫通，使之断惑证果；即以此三轮不思议化，化诸声闻断除烦惑。声闻，即听佛说法音声而悟道者，故广义言之，凡是闻佛说法音声而悟道者，皆谓之声闻。烦，即烦恼障，惑，即所知障，此就狭义言；若广义言，统指断除一切烦恼也。

初会为说法，广度诸声闻九十六亿人，令出烦恼障；第二会说法，广度诸声闻九十四亿人，令渡无明海；第三会说法，广度诸声闻九十二亿人，令心善调伏。

此三颂正说龙华三会。初会说法，共度声闻九十六亿人，即前饷佉王等是。亿，有十万为亿，有万万为亿；十万为亿，则九十六亿即有九百六十万人；若万万为亿，则有九十六万万人，此是倍数进。出烦恼障，即证入声闻果位也。次会说法，亦度九十四亿人，同出无明生死之大海，即断所知障证入菩提圣果也。经过初次二会，尚有众生未尽度脱，故复有第三会说法，广度声闻九十二亿人，善令其心调伏。心善调伏者，从凡夫初发心位通至于究竟极果位；善即使心纯善，调即众善功德调练成熟，诸恶过非善能断伏，是之谓善究竟调伏之能事矣。

三转法轮已，人天普纯净；将诸弟子众乞食入城中。既入妙幢城，衢巷皆严饰，为供养佛故天雨曼陀华。四王及梵王并余诸天众，香华鬘供养，辅翼大悲尊。大威德诸天散以妙衣服，缤纷遍城邑，瞻仰大医王。以妙宝

香华散洒诸衢街，履践于其上，喻若睹罗绵。音乐及幢幡，夹路而行列，人天帝释众，称赞大慈尊："南谟天上尊！南谟士中胜！善哉薄伽梵！能哀愍世间。"有大威德天当作魔王众，归心合掌礼赞仰于导师。梵王诸天众，眷属而围绕，各以梵音声阐扬微妙法。

此三会说法，即三转法轮，亦如释迦佛三转法轮。弥勒如来三会说法已，即率领弟子众等入城乞食，并行教化。时王及人民皆已受佛度脱，故见佛及弟子入城，即庄严街衢以表欢迎之敬意。同时，四大天王与梵王、帝释等天主，亦引导诸天散华献佛。曼陀华，即柔软适意之花。且赞佛为天上尊，士中胜，哀愍世间，转大法轮。南谟，与南无同，即归依之义。大悲尊，佛具大悲心哀愍救济众生故。大医王，佛以法药医治众生无明生死病故。有大威德天一颂，即颂魔王具大威德。魔者，梵语具云魔罗，此译杀者；魔氛扰乱，能杀众生法身慧命故；今感佛之恩德，亦前来归心赞仰于佛。

于此世界中，多是阿罗汉，蠲除有漏业，永离烦恼苦；人、天、龙、神等，乾闼婆、阿修罗，罗刹及药叉，皆欢喜供养。

自受佛化之后，人间天上众生多已证得阿罗汉果。阿罗汉者，此云无生，三界烦恼已断不受后有生死故；亦云杀贼，杀却无明烦恼伤害众生法身慧命之贼故；亦云应供，堪为人天福田，应受人天供养故。此阿罗汉指大阿罗汉，自既度已复能度他，此所以大阿罗汉通于佛也。天、龙、药叉、乾闼婆、阿修罗、迦楼罗、紧那罗、摩睺罗伽，是谓人及非人之八部众。乾闼婆，此云寻香。阿修罗，此云非天，有天之福，无天之德故。药叉，此云勇捷，乃飞行之神。罗刹，即可畏鬼，属于药叉一类。此世界中所有众生，多已证得阿罗汉果，故八部众皆来欢喜供养，直把天人化成一佛国也。

彼时诸大众，断障除疑惑，超越生死流，善修清净行。彼时诸大众，离着弃珍财，无我我所心，善修清净行。彼时诸大众，毁破贪爱网，圆满静虑心，善修清净行。

此三颂，明说法后大众共修清净之行，得以了生脱死。但其修时可有三种区别：一是善修智慧行故，断除疑惑超越生死，断烦恼障即越分段生死之流，断所知障即越变易生死之流，恶源既塞，浊流自竭也。二是修无我行故，了知五蕴色身虚幻阳焰，其性不实；既自无我，复何有为我所有之物？观三轮体空，故能弃舍珍财行布施行，至于证果。三是修禅定行故，破诸贪爱之缠网而得心身轻安自在。此中欲界所修之行皆无禅定，若得禅定便入色、无色界，由色界初禅至二禅乃至无色界之灭受想定，即可谓圆满静虑心矣。静虑，即梵语禅那之译名。

慈氏天人尊，哀愍有情类，期于六万岁说法度众生；

化满百千亿令度烦恼海，有缘皆拯济，方入涅槃城。慈氏大悲尊入般涅槃后，正法住于世亦满六万年。

此明慈氏哀愍有情故，说法度生一代时期经六万岁。其时人寿本有八万岁，经过弥勒出家成佛之前，至是已去二万岁，故只言六万岁；俟此六万岁尽，化满众生，即入涅槃，所谓息化归真也。涅槃者，涅名不住，槃名不灭，不生不灭，无住而住，住于圆寂是也。佛既涅槃，为利有情，正法住世亦六万年，较之释迦正法住世一千年，过之多多矣。然佛法住世，原有三时期：曰正法期，像法期，末法期；此中唯举正法，摄像末耳。

若于我法中深心能信爱，当来下生日必奉大慈尊。若有聪慧者闻说如是事，谁不起欣乐愿逢慈氏尊？若求解脱人希遇龙华会，常供养三宝，当勤莫放逸！

释迦佛既说弥勒事已，复告诸众生曰：尔等若于我法乐欲信受，当来必逢慈氏；尔等非愚痴无智慧者，闻此殊胜之事孰不欣起乐求耶？只要日常承事三宝，亲近供养，勤莫放逸，收摄其心，便可赴龙华会，得大解脱。此供养三宝、精进、不放逸、止恶行善等因，皆赴龙华三会之前方便也。

尔时，世尊为舍利子及诸大众记说当来慈氏事已，复告舍利子：若有善男子善女人，闻此法已，受持读诵，为他演说，如说修行，香花供养，书写经卷；是诸人等

当来之世必得值遇慈氏下生，于三会中咸蒙救度。

尔时佛说此经，同时也即为弟子舍利弗等记莂当来成佛之事，又为后世众生别开修行路径。所谓修行路径，不出于此经：一、书写，二、供养，三、施化，四、谛听，五、披读，六、受持，七、开演，八、讽诵，九、思惟，十、修习。此中受持读诵等文略义含，理宜具足十行；即法华所谓五品法师之行门——一、随喜品，二、读诵品，三、说法品，四、兼行六度品，五、正行六度品——亦摄入此中也。能修此等行门皆赴龙华三会，或于初会悟入，或于次会悟入，或于三会悟入，行有胜劣故悟有先后，只争来早与来迟耳。

尔时，世尊说此颂已，舍利子及诸大众，欢喜信受，顶戴奉行。

此言闻法之后欢喜信奉，若不欢喜即不信受，既不信受又焉能顶戴奉行乎？是言闻者欢喜，知其已沐法益矣。盖佛法如大海，非信莫能入；而真正之信仰又须于领悟欢喜而产生也。今既讲此圆满，亦望在座各位如闻佛在鹫峰为舍利子等说此无异，闻后欢喜信受顶戴奉行，使此法辗转流通永远无尽，方不辜负如来说法之初衷，而龙华三会亦可操左券矣。（竹摩记）

（见海刊十七卷三号）

参考书目

1.《佛说弥勒下生经》(一名《弥勒当来成佛经》)(一卷) 姚秦·三藏法师鸠摩罗什译 同治十三年金陵刻经处刻

2.《佛说弥勒大成佛经》(一卷) 姚秦·三藏法师鸠摩罗什译《频伽藏·黄五》

3.《佛说弥勒来时经》(一卷) 失译人名 附东晋录《频伽藏·黄五》

4.《佛说弥勒下生成佛经》(一卷) 唐·三藏法师义净奉制译《频伽藏·黄五》

5.《一切智光明仙人慈心因缘不食肉经》(一卷) 失译人名 附秦录《频伽藏·黄五》

6.《贤愚因缘经》(三卷) 元魏·慧觉等译

7.《出三藏记集》(十五卷) 南朝梁·僧祐撰

8.《开元释教录》(二十卷）唐・释智升撰

9.《高僧传》(十四卷）南朝梁・慧皎撰

10.《汉魏两晋南北朝佛教史》汤用彤著　中华书局一九八三年

11.《中国佛学源流略讲》吕澂著　中华书局一九八〇年

12.《周叔迦佛学论著集》周叔迦著　中华书局一九九一年

13.《中国佛教史》(第二卷、第三卷）任继愈主编　中国社会科学出版社一九八五年、一九八八年

14.《佛学大辞典》丁福保编纂　文物出版社一九八四年

15.《望月佛教大辞典》日本・世界圣典刊行协会一九七四年改定版

出版后记

星云大师说："我童年出家的栖霞寺里面，有一座庄严的藏经楼，楼上收藏佛经，楼下是法堂，平常如同圣地一般，戒备森严，不准亲近一步。后来好不容易有机缘进到藏经楼，见到那些经书，大都是木刻本，既没有分段也没有标点，有如天书，当然我是看不懂的。"大师忧心《大藏经》卷帙浩繁，又藏于深山宝刹，平常百姓只能望藏兴叹；藏海无边，文辞古朴，亦让人望文却步。在大师倡导主持下，集合两岸近百位学者，经五年之努力，终于编修了这部多层次、多角度、全面反映佛教文化的白话精华大藏经——《中国佛教经典宝藏》，将佛教深睿的奥义妙法通俗地再现今世，为现代人提供学佛求法的方便途径。

完整地引进《中国佛教经典宝藏》是我们的夙愿，

三年来，我们组织了简体字版的编审委员会，编订了详细精当的《编辑手册》，吸收了近二十年来佛学研究的新成果，对整套丛书重新编审编校。需要说明的是此次出版将丛书名更改为《中国佛学经典宝藏》。

佛曰：一旦起心动念，也就有了因果。三年的不懈努力，终于功德圆满。一百三十二册，精校精勘，美轮美奂。翰墨书香，融入经藏智慧；典雅庄严，裹沁着玄妙法门。我们相信，大师与经藏的智慧一定能普应于世，济助众生。

东方出版社

图书在版编目（CIP）数据

佛说弥勒上生下生经／业露华 释译. —北京：东方出版社，2015.9
（中国佛学经典宝藏）
ISBN 978-7-5060-8649-3

Ⅰ.①佛… Ⅱ.①业… Ⅲ.①佛经—注释 ②佛经—译文 Ⅳ.①B942

中国版本图书馆 CIP 数据核字（2015）第 250240 号

佛说弥勒上生下生经
（FOSHUOMILESHANGSHENGXIASHENGJING）

释 译 者：业露华
责任编辑：夏旭东
出　　版：东方出版社
发　　行：人民东方出版传媒有限公司
地　　址：北京市朝阳区西坝河北里 51 号
邮政编码：100028
印　　刷：北京市大兴县新魏印刷厂
版　　次：2016 年 4 月第 1 版
印　　次：2020 年 11 月第 3 次印刷
开　　本：880 毫米×1230 毫米　1/32
印　　张：7.75
字　　数：90 千字
书　　号：ISBN 978-7-5060-8649-3
定　　价：36.00 元
发行电话：（010）85924663　85924644　85924641